# 三国成语故事

## 一身是胆

蔡嘉亮 著

人民文学出版社
天天出版社

著作权合同登记：图字 01-2022-6918

本书由鸿文万有文化有限公司授权中文简体字版，限在中国内地出版发行

**图书在版编目（ＣＩＰ）数据**

三国成语故事. 一身是胆 / 蔡嘉亮著. -- 北京 : 天天出版社, 2024.6
ISBN 978-7-5016-2300-6

Ⅰ.①三… Ⅱ.①蔡… Ⅲ.①汉语－成语－故事－通俗读物
Ⅳ.①H136.31-49

中国国家版本馆CIP数据核字(2024)第092709号

| | |
|---|---|
| 责任编辑：董　蕾 | 美术编辑：丁　妮 |
| 责任印制：康远超　张　璞 | |

出版发行：天天出版社有限责任公司
地址：北京市东城区东中街 42 号　　　　邮编：100027
市场部：010-64169902　　　　　　　　　传真：010-64169902
网址：http://www.tiantianpublishing.com
邮箱：tiantiancbs@163.com

| | |
|---|---|
| 印刷：北京博海升彩色印刷有限公司 | 经销：全国新华书店等 |
| 开本：880×1230　1/32 | 印张：5.5 |
| 版次：2024 年 6 月北京第 1 版 | 印次：2024 年 6 月第 1 次印刷 |
| 字数：91 千字 | |
| 书号：978-7-5016-2300-6 | 定价：38.00 元 |

**版权所有·侵权必究**
如有印装质量问题,请与本社市场部联系调换。

# 目录

| | | | |
|---|---|---|---|
| 授人以柄 | 002 | 手不释卷 | 062 |
| 死不瞑目 | 006 | 知人之鉴 | 065 |
| 众寡不敌 | 009 | 吴下阿蒙 | 067 |
| 迷途知返 | 012 | 栉风沐雨 | 070 |
| 危在旦夕 | 015 | 放虎归山 | 073 |
| 坚壁清野 | 019 | 一身是胆 | 077 |
| 不识时务 | 022 | 寻章摘句 | 080 |
| 有勇无谋 | 025 | 忍辱负重 | 083 |
| 求田问舍 | 029 | 集思广益 | 086 |
| 望梅止渴 | 032 | 名不虚传 | 089 |
| 身先士卒 | 035 | 言过其实 | 092 |
| 出言不逊 | 039 | 七纵七擒 | 095 |
| 愚不可及 | 043 | 妄自菲薄 | 099 |
| 兵贵神速 | 046 | 唇齿相依 | 103 |
| 三顾茅庐 | 049 | 和颜悦色 | 106 |
| 如鱼得水 | 052 | 闭门思过 | 109 |
| 初出茅庐 | 055 | 忧心如捣 | 112 |
| 舌战群儒 | 059 | 得不偿失 | 115 |

| 应权通变 | 119 | 路人皆知 | 144 |
| --- | --- | --- | --- |
| 白屋之士 | 122 | 胆大如斗 | 148 |
| 七步成诗 | 126 | 乐不思蜀 | 151 |
| 出类拔萃 | 130 | 开诚布公 | 154 |
| 鞠躬尽瘁 | 134 | | |
| 画饼充饥 | 137 | 三国人物简介 | 157 |
| 老生常谈 | 140 | 出版说明 | 172 |

# 授人以柄

■ 释　义　把剑柄交给别人。比喻将权力交给别人，被抓住致命的关键、弱点、缺点，使自己变得被动。

【出　处】　所谓倒持干戈，授人以柄，功必不成。

（陈寿《三国志·魏志·王粲传》）

■ 近义词　倒持泰阿

■ 故事背景

陈琳劝何进不要招惹董卓进京，以免引狼入室。

东汉灵帝末年，外戚与宦官争权，以何太后兄长、大将军[1]何进为首的外戚欲铲除宦官势力，但遭到何太后的反对。何进听从中军校尉[2]袁绍的建议，计划召集地方上有军事实力的将领如董卓等，入京杀掉宦官，以此胁迫何太后。

---

1　大将军：是东汉时最高的军事职级，位在"三公"之上。原本不常置，是战争时期才委任的最高军事领袖。到东汉中后期，外戚和权臣常据此职以擅权。
2　中军校尉：是军事高级将领。东汉大将军营下分五部，校尉是一部的首领。

为何进掌管大将军府文书和事务的陈琳出言阻止，认为事不宜迟，应速战速决。陈琳说："将军，你现在统领朝政，手握军权，威武如龙虎，进退都可以随心所欲，想要铲除宦官，可谓易如反掌。你只要当机立断，以雷霆手段展开行动，虽然有违常规，但合乎道义，天下人都会顺从你；若你放弃最有效的方法，征召他人入京，到时候大军集结京师，强势者就有机会成为英雄。你这样做无异于将手上的兵器送给别人，把大权交给他人，自己变得被动，这样做不仅无法成功，反而会造成祸患。"

典军校尉曹操则认为，自古以来就有宦官，他们有机会弄权，只不过是因为得到君主宠信。其实要惩治宦官，只需派人杀掉几个宦官头目便可成事，何须召来地方将领？

何进没有听曹操、陈琳的建议，结果董卓尚未进京，他已被宦官杀掉。最后导致野心勃勃的董卓进占京城，废少帝，立献帝，独揽

陈琳

朝政，胡作非为。最后导致关东盟军[1]讨伐董卓，董卓挟持献帝迁都长安的局面。

陈琳逃往冀州，袁绍让他主管文书典籍，袁绍败亡后，陈琳转而投靠曹操。

■ 延伸阅读

由此可见，何进和袁绍的政治眼光与勇气远不如陈琳和曹操，弄巧成拙，化主动为被动，自造祸乱。建安五年（公元200年），曹操与袁绍之间的"官渡之战"，是关乎曹操和袁绍双方兴衰的一场著名战役。在这场战役中，曹操以弱胜强。决战前夕，曹操的谋士荀彧和郭嘉，分别从眼光和能力上分析了曹操和袁绍之间的优劣，得出曹操对于袁绍有"四胜四败""十胜十败"[2]的区别。三国大谋士诸葛亮，也曾说及曹、袁这场战役的成败，不在军事力量

---

1 关东盟军：东汉末年初平元年（公元190年），因董卓擅权乱政，首都洛阳以东的地方刺史和郡守组成以袁绍为盟主的讨伐董卓的盟军，称"关东盟军"。
2 "四胜四败"和"十胜十败"：建安五年（公元200年），曹操与袁绍在"官渡之战"决战前，为鼓励曹操的信心，曹操首席谋士荀彧评估战情，谓曹操比之袁绍，作为领袖的优劣，曹有"四胜"而袁则有"四败"；而曹操另一谋士郭嘉更细分曹操与袁绍的优劣是"十胜十败"。

的强弱，而在"人谋"。所以作为领袖，具备的眼光和能力很重要。

## 历代例句

宇文泰为三军所推，居百二之地，所谓己操干戈，宁肯授人以柄，虽欲抚之，恐是"据于蒺藜"也。

（唐　李延寿《北史·裴侠传》）

如喜其便捷，委以耳目腹心，未有不倒持干戈，授人以柄者。

（清　纪昀《阅微草堂笔记·如是我闻一》）

当初你自己有许多授人以柄的毛病。

（现代　《小说月报》1981年第一期）

# 死不瞑目

■ 释　义　死了也无法闭眼。因为有所牵挂而不甘心死去。

【出　处】坚曰："卓（董卓）逆天无道，荡覆王室，今不夷汝三族，县（悬）示四海，则吾死不瞑目。"

(陈寿《三国志·吴志·孙坚传》)

■ 近义词　抱恨终天
■ 反义词　称心如意

■ 故事背景

孙坚痛恨董卓逆天无道，决心推翻董卓。

中平六年（公元189年），灵帝驾崩，董卓专权，各州郡刺史纷纷兴兵讨伐董卓，孙坚也举兵响应。途中，孙坚先后解决了荆州刺史王叡、南阳太守张咨，率兵数万到了鲁阳，与袁术相见。袁术命孙坚为豫州刺史。

孙坚留在鲁阳城整顿军队，准备进军讨伐董卓时，董卓已派兵出战。董卓有数十名骑兵先到，当时孙坚正与下属在城门外饮酒谈笑，他命令部队先整顿军阵，但不得妄动。随后董卓的骑兵渐渐地多起来，孙坚才气定神闲地带领大家入城。董卓的军队见孙坚军容整齐,担心城内有诈,未敢攻城便撤退了。孙坚入城后对身边的人说:"刚才我没有立即起身,是担心士兵因害怕而一起拥进城,令诸位不能进城啊!"

孙坚移师梁县东部,董卓方面一再来攻击都被孙坚击退。此时,有人在袁术面前中伤孙坚,袁术起疑,便不给孙坚运送粮草。孙坚连夜飞马往见袁术,解释自己努力作战,对上是为朝廷讨伐逆贼,对下是为袁术报仇。袁术听后立即调发军粮,孙坚亦返回驻扎地。

董卓忌惮孙坚的实力,想通过和亲与孙坚结好,便让孙坚列出儿子和弟弟的名单,让他上表朝廷,任命他们为御史、郡守。但孙坚拒绝,他说:"董卓你悖逆天意,没有道义,颠覆汉室,如果我现在不诛你三族,向全国昭示,我即使死也不能闭眼,又怎能与你和亲呢?"于是再次进军大谷关,直抵洛阳九十里外的地方。董卓不久就挟持献帝西往长安,行前焚烧了洛阳城。孙坚到了洛阳后,修复宗庙、皇陵,完成后便领军返回鲁阳。

初平三年（公元192年），袁术派孙坚出征荆州，攻打刘表，孙坚被黄祖的军士射杀身亡。

### ■ 延伸阅读

孙坚是东汉末年善战的名将，三国时与曹魏、刘蜀呈三足鼎立之势的江东孙吴，便是由他打下的基础。他率领的兵将忠勇善战、意气相投，也为江东子弟树立了风范。可惜孙坚与他那颇有少年英雄风范的长子孙策，虽然勇猛善战，行事却鲁莽，亦因鲁莽而殒命。从楚国项羽，到孙坚、孙策父子，完全表现出了所谓"南方之勇"。

―――――― 历代例句 ――――――

及神武疾笃，谓文襄曰："芒山之战，不用元康言，方贻汝患，以此为恨，死不瞑目。"

（唐 李延寿《北史·陈元康传》）

恨母老子幼，死不瞑目尔。

（清 张廷玉等《明史·武大烈传》）

# 众寡不敌

■ 释　义　意指人少一方抵挡不过人多一方。

【出　处】　今欲诛卓,众寡不敌。

(陈寿《三国志·魏志·张范传》)

■ 近义词　众寡悬殊、寡不敌众
■ 反义词　人多势众

## ■ 故事背景

张承欲讨伐董卓,他弟弟张昭认为兵力寡不敌众,应待适当时机才可行事。

张范淡泊名利,不愿踏足仕途。他的两个弟弟张承和张昭则分别升任伊阙都尉和侍郎。董卓入主洛阳乱政,张承想召集军队与天下豪杰一同讨伐董卓。张昭从长安赶来伊阙,与张承说:"如今我们想讨伐董卓,但敌众我寡,力量不足。况且,临时谋划策略,军队也是刚从农民中征召过来,拉杂成军,他们未经训练,恐怕难以成功。董卓自恃拥重兵而不守道义,是不可能长久的。我们不如选择一个可以依附的地方，待时机成熟再行动，这样才能实现我们的愿望。"张承认为说得有道理，便丢下官印返回家乡，与张范到扬州避祸。

袁术邀请张范助其图谋霸业，张范推辞，派张承去见袁术。袁术表示自己拥有广大领土、众多士兵和百姓，能成就霸业。张承却不以为然，他认为成功与否，不在于力量强大，而在于能否以德服人。袁术听后不悦。

曹操将征讨冀州，袁术又问张承，曹操以几千疲累兵马对抗十万雄师，是否不自量力。张承回应说汉朝气数未尽，曹操挟持天子号令天下，即使与百万雄师对抗也是可行的。袁术听后老大不高兴。

后来曹操平定冀州，派使者迎接张范，张范因病留在彭城，派张承往见曹操。曹操上表朝廷任命张承为谏议大夫，不久又任命张范为议郎，参丞相军事。曹操非常尊重张范，并常叮嘱曹丕做任何事都要先征询张范和邴原的意见，曹丕亦礼待他们两人。

■ 延伸阅读

由以上几件关于张范的事例,可见他是一个能洞悉时局、明辨是非,不以表面强弱和形势去做判断的高人。张范的弟弟张昭,不是辅助孙策和孙权的张昭,这位张昭乃彭城人,是东吴重臣,也是三国时期的著名学者。有子亦名张承。

———— 历代例句 ————

裨将高永能曰:"吾众寡不敌,宜及其未成阵冲击之。"

(宋 司马光《涑水记闻》卷十四)

不料众寡不敌,遂致丧师。

(元 白朴《梧桐雨》楔子)

及战,浙军无不一当百,有卒跳牵(蔡牵)船上,牵几被擒,以众寡不敌,死之。

(清 昭梿《啸亭杂录·李壮烈战绩》)

爬上了城的人因为众寡不敌,都被打下了城来。

(近代 郭沫若《北伐途次》二十一)

# 迷途知返

■ 释　义　喻知错能改。

【出　处】若迷而知反[1]，尚可以免，吾备旧知，故陈至情。

（陈寿《三国志·魏志·袁术传》）

■ 近义词　闻过必改、幡然悔悟
■ 反义词　知过不改、屡教不改

## ■ 故事背景

袁术才德浅薄，却妄图称帝，陈珪劝他迷途知返，匡扶汉室。

袁术家世显赫，过去四代有五人位居三公之职，他也曾任朝廷和地方官员。可惜袁术无勇无谋，生活荒诞淫逸。董卓欲废帝时，曾任命袁术为后将军，但他因害怕董卓而避走南阳，刚巧长沙太守孙坚杀了南阳太守张咨，他便乘机占据南阳。

袁术虽是袁绍的堂弟，但两人各怀异心。袁术带兵北

---

1　原出处用"迷途知反"。"反"为"返"的古字。

上陈留时，曹操与袁绍联手对付袁术，迫得袁术败走九江，只能占领扬州。

董卓死后，董卓旧将李傕等人返回长安，挟持献帝，专擅朝政。李傕为拉拢袁术，便以献帝之名任命袁术为左将军，封阳翟侯，派太傅马日磾前往任命授爵。不料，袁术竟扣留了马日磾，还夺去他的符节（皇帝授权官员的信物）。

袁术

野心勃勃的袁术欲招揽天下贤士助他称帝，其中一个是他儿时已认识的陈珪。陈珪同样是三公世家的子孙，是已故太尉陈球的侄子。袁术写信给陈珪，要陈珪辅助他共谋大业，他还捉了陈珪次子陈应相威胁。陈珪却回信拒绝，并说："曹操将军有神武之威，应天受命，正努力恢复朝纲，清剿叛逆，平定四海。我以为你出身于世代蒙受皇恩的公卿之家，会与天下英雄一同匡扶汉室，没想到你竟然图谋不轨，着实令人痛心！我劝你还是迷途知返、痛改前非，这样才能免祸。这番话虽然不中听，但你我是多年之交，我才会说出这番情同手足的真心话。若要我为一己之私与你同流合污，我宁愿死也不会干。"

献帝兴平二年（公元195年），献帝在曹阳战败，袁

术利用卦象说自己有当皇帝的命而登基称帝，并册封公卿百官。袁术既贵为国君，生活比从前更加穷奢极侈，军中士兵却吃不饱穿不暖，江淮一带更是饥民处处。

后来，袁术终于众叛亲离，先为吕布所败，又被曹军击溃。他在穷途末路之时，欲把皇帝的称号送给袁绍，自己到青州投奔袁绍的儿子袁谭，结果途中发病身亡。

■ 延伸阅读

袁术出身于四世三公之世家，是典型的纨绔子弟。他虽然野心勃勃，却无自知之明，终至穷途末路，死前尚不知所以，实在是可恨又可怜。

———— 历代例句 ————

夫屋漏在上，知之在下，然迷而知反，失道不远，过而能改，谓之不过。

（陈寿《三国志·魏志·王朗传》）

夫迷途知反，往哲是与；不远而复，先典攸高。

（南北朝　丘迟《与陈伯之书》）

# 危在旦夕

■ 释　义　危险就在眼前。

【出　处】　今管亥暴乱，北海（指孔融，字北海）被围，孤穷无援，危在旦夕。

（陈寿《三国志·吴志·太史慈传》）

■ 近义词　危如朝露
■ 反义词　安如磐石

## ■ 故事背景

孔融被黄巾军包围，命太史慈往刘备处借救兵。

太史慈是山东东莱郡人，在郡里担任奏曹里的职务。一次，郡府与州府出现争执，需要上奏朝廷。这类纷争往往是谁先上奏谁占优势，而这时州府的人已经出发，郡太守赶忙派太史慈日夜兼程赶赴洛阳。太史慈在负责接待上奏的公车门口，遇上州里派来送奏章的小官正在请求通传。他巧计骗去那小官的奏章并毁掉，然后将自己的奏章呈上公车门。州府发现后虽然再呈送奏章，但不获受理。太史慈因此为人所知。事后，他担心遭到州府的加害，于是远走辽东。

北海相孔融听闻太史慈的事后，多次派人带着礼物拜访太史慈的母亲。黄巾起义爆发，孔融出兵驻守都昌，被黄巾军管亥围困。太史慈从辽东回来，母亲要太史慈协助孔融解围，以报答孔融。

太史慈

太史慈偷偷潜入都昌城后，要求孔融让他带兵出城杀敌，孔融没同意，只想等待援兵来救。可惜援兵一直没有到来，敌人的包围越来越紧迫，孔融想向刘备求救，却没有人敢冒险出城，太史慈自告奋勇请求自行前往。孔融担心他难以成事，但太史慈表示，既然母亲让他来相助，就是相信他能帮得上忙，而且危机已迫在眉睫，不能再拖延了。孔融同意了他的请求。

太史慈收拾行装，天明时带上箭囊，提弓上马，领着两名骑兵各带着箭靶，开门直出城外。城外黄巾军突然见到有人冲出来，惊惶地冲出来戒备，却见太史慈只在城下的坑壕边练习射箭，完事后便返回城内了。第二天也是如此，城外的黄巾军见了，有的站起来戒备，有的干脆躺倒不予理会，而太史慈练习后又返回城内。第三日也是如此，而黄巾军已不再戒备，太史慈见对方松懈下来，于是策马挺枪，冲出重围。待黄巾军察觉时，太史慈已走脱，还射杀了好几个人，所以无人敢再追赶出去。

太史慈到了平原，向刘备道出他和孔融的情谊后，便说："北海（孔融）被管亥包围，孤立无援，危险已在眼前。孔融仰慕你大仁大义，能救人于危难之中，因此盼望你能拔刀相助。"刘备正色回答道："北海也知道世间有刘备。"于是派出三千精兵跟随太史慈回都昌。黄巾军闻得救兵来到，急忙四散逃去。孔融得以解围，更加敬重太史慈，太史慈的母亲也很高兴儿子能报答孔融。

■ 延伸阅读

孔融是三国时的大名士，以机智扬名。由此事也可看出孔融不是追名逐利的人。太史慈是一名义勇武将，后归顺孙策，成为东吴名将。归顺前，太史慈与孙策曾有一场单对单的龙虎斗，二人不分胜负，亦因此而惺惺相惜，上演了一段英雄重英雄的历史故事。

―――― 历代例句 ――――

如今紫金关危在旦夕,父王因赦孤家出牢,立功折罪。

(清　陈汝衡《说唐》第六十二回)

四乡农民不稳,镇上兵力单薄,危在旦夕,如何应急之处,乞速电复。

(近代　茅盾《子夜》二)

# 坚壁清野

■ 释　义　加固壁垒使敌人不易攻击，转移人口、物资，使敌人无所得获。在战争中常用作对付强敌入侵时的一种作战方法。

【出　处】　今东方皆已收麦，必坚壁清野以待将军。将军攻之不拔，略之无获，不出十日，则十万之众未战而自困耳。

（陈寿《三国志·魏志·荀彧传》）

## ■ 故事背景

曹操采纳荀彧的建议，乘胜追击吕布，结果大胜，并取得兖州，为日后统一北方奠定了基础。

荀彧少有才名，南阳名士称赞他是可辅助帝王的将相之才。他曾跟随袁绍，但觉得袁绍难成大事，于是投靠曹操，成为曹操重要的谋臣。

兴平元年（公元194年），曹操征伐陶谦，命荀彧留守兖州。张邈、陈宫暗中勾结吕布背叛曹操，被荀彧识破，荀彧立即加强设防，并飞马召夏侯惇回军援助。夏侯惇到后，当晚便诛杀了几十个图谋反叛的人，局面稍为平复，等待曹操回来。曹操从徐州回军时在濮阳打败吕布，吕布往东逃走。

同年，陶谦病逝，曹操欲趁机夺取徐州，再回军平定吕布，但荀彧劝阻，认为曹操在兖州起家，应先稳住兖州。

荀彧为曹操分析形势，指出陶谦虽然死了，但徐州未必能攻下。上次讨伐徐州时，曹操手段强横，徐州百姓想到家人的遭遇，定怀恨在心，官民必会誓死奋战；另外，如今正值收割麦子的季节，徐州军民必定坚壁清野，加强防守，并将收割下来的粮食运往他方，以防卫曹军的进攻。若曹军久攻不下，抢掠粮食又难有收获，十万大军不出十日就会疲惫困累、士气下降。同时，若吕布乘虚反攻，兖州民众心中将更恐惧，届时只有鄄城、范和卫三地可保，其他地方随时可能落于吕布之手，也就如同失去兖州，到时候，曹操就难有安身之处了。

荀彧建议曹操："如今打败了李封、薛兰，如果分出一支军队向东攻打陈宫，陈宫一定不敢图谋西面，我们可

荀彧

以趁机组织军民，收割麦子，节约粮食，储存谷物，就可以一举击败吕布。然后向南联合扬州的刘繇，一起讨伐袁术，并控制淮水、泗水一带。权衡利害，望将军三思。"曹操采纳了荀彧的建议，放弃进攻徐州，大规模收麦储粮，增强实力。

不久，曹操大败吕布，吕布连夜弃营逃往徐州，曹操乘胜攻取定陶城，并分别出军收复了兖州各县。此战为曹操日后统一北方奠定了基础。

■ 延伸阅读

荀彧是对曹操崛起贡献最大的谋臣，有人将他比肩诸葛亮。荀彧虽投靠曹操，但内心渴望复兴汉室、安定天下，对曹操后来的篡汉之心是抵制的。后来他因对曹操称公有异议，被曹操逼迫而死。

# 不识时务

■ 释　义　认不清当前的客观形势和社会潮流。

【出　处】　是时天下草创，曹（操）、袁（绍）之权未分，（孔）融所建明，不识时务。

（陈寿《三国志·魏志·崔琰传》）

■ 近义词　不达时务、不通时宜

■ 故事背景

孔融恃才傲物，多番开罪性格多疑的曹操，结果招来杀身之祸。

孔融年少时就因才华出众、能言善道而为当世英雄豪杰所认识，河南尹李膺便曾形容孔融长大后必成大器。

孔融十六岁时，曾因代替兄长孔褒窝藏被朝廷追捕的张俭而险些丧命，但朝廷以张俭本来是求孔褒收留，而下诏由孔褒顶罪，孔融才得以保命，并因此事而声名远播，后来还得到朝廷选用，三十八岁时官至北海相。

孔融治理北海六年，其间修复城池，推崇教育，设立学校，提拔士子，可是政绩上却无甚贡献。他未能知人善任，既无力打击贪官刁民，又未能平定黄巾之乱。建安元年（公元196年），袁绍的儿子袁谭率兵来袭，孔融的部众全部逃跑，他自己逃到山东，妻儿则被袁谭俘虏。

孔融

献帝迁都许昌后，孔融上奏献帝，建议恢复旧制，确定帝京，划出周围千里地域作为司隶下辖的范围，不以封建诸侯来增强汉室的实权。然而，当时朝廷刚建立，曹操和袁绍的权势划分尚未明朗，孔融的建议显然没有认清形势，令曹操私心不悦。

孔融还总是顶撞曹操。例如反对恢复肉刑，嘲讽曹操实施禁酒令等，一再惹怒曹操，自然没能获得太好的下场。

■ 延伸阅读

孔融是孔子的二十世孙，自幼以聪明善辩闻名。长大后的孔融乃当世名士,博学多才,为世所重。或许孔融是受少年盛名之累,未免恃才傲物、狂狷而不识时务。但他却忠于汉王室,为人刚直,喜欢奖掖后进,不避权贵。《临终诗》有"言多令事败,器漏苦不密"之句,反思自己一生的好辩之误。

# 有勇无谋

- **释　义**　只有勇气而没有谋略。

- 【出　处】　"相攻击连月，死者万数"，裴松之注引《献帝起居注》："近董公之强，明将军目所见……吕布受恩而反图之，斯须之间，头县竿端，此有勇而无谋也。"

（陈寿《三国志·魏志·董卓传》）

- **近义词**　匹夫之勇
- **反义词**　有勇有谋

## ■ 故事背景

吕布有勇无谋、反复无常、唯利是图，最终败给曹操。

吕布为东汉末年的著名武将，骁勇善战，最初是并州军[1]首领丁原的部下和义子，后受董卓的唆摆，背弃丁原，投靠董卓，并认董卓为义父。虽然他成为了董卓的心

---

1　并州军：并州主要是今日山西地区。并州因属边郡，靠近北方匈奴等少数民族，常有战争，所以并州多出"武勇之士"，而士兵亦勇敢善战。东汉末年，丁原为并州军的统帅，吕布、张辽和张杨都是并州军出身。

腹，但董卓性情乖戾，曾气恼地向吕布掷戟。终在王允的煽动下，吕布将董卓杀掉。吕布后来投靠了袁绍，又因嚣张跋扈惹怒袁绍，袁绍派人暗杀他，幸好吕布逃脱。

不久，吕布与张邈和曹操部将陈宫等人合谋，趁曹操征讨陶谦时率军攻入兖州，吕布自任兖州牧。曹操领军回来与吕布决战，经过两年的时间，曹操终于收复兖州全部城池。吕布投奔刘备，但又趁着刘备进攻袁术时袭取了下邳。刘备回来后无奈归附吕布，吕布派刘备驻扎小沛，吕自称为徐州刺史。

吕布

袁术欲利用与吕布结成姻亲而笼络结盟。沛国相陈珪担心袁、吕结盟会成为国家的祸患，于是挑拨两人关系。吕布听从陈珪之言与袁术断交，改与曹操议和。

不料陈珪父子早有投靠曹操之意，因此陈珪之子陈登拜见曹操时，即向曹操表明吕布虽然骁勇善战，但缺乏谋略、处事轻率，应当及早对付他。曹操亦同意应尽早除掉吕布，于是相约由陈登作为内应。

另一边，因吕布的反复，袁术大怒，与韩暹和杨奉联手，派大将张勋进攻吕布。陈珪利用反间计，令韩暹和杨奉反过来攻击袁军，张勋大败。

建安三年（公元198年），吕布又反过来支持袁术攻打刘备，刘备逃跑投靠曹操。曹操亲征吕布，兵临下邳，吕布战败，向袁术求援，袁术并没有派出援兵。吕布虽然英勇无比，但是缺乏谋略，而且性格多疑，导致众叛亲离，最后唯有投降。吕布自荐可协助曹操带领骑兵，希望游说曹操放过自己。向来爱才的曹操一度犹豫，此时刘备上前说："明公（曹操）你没有看见过吕布是如何对待丁原和董卓的吗？"曹操想到丁原和董卓的下场，点头赞同刘备之言，于是命人处死了吕布。

■ 延伸阅读

人称"人中吕布，马中赤兔"，可见吕布武艺高强与勇猛；但亦有人说"吕布是一匹狼"，野性未驯，好利忘义，好色善变，是三国一介有勇无谋武夫。虽曾是群雄之一，但终难成就大事。由三国众多武将的命运可见，仅拥有勇武不足以成事,至少不能成大事。我们向来崇拜智勇双全之人,崇敬儒将,道理就在于此。

## 历代例句

时虏逼近,遣成国公率五万兵迎之,奈公有勇无谋,冒入鹞儿岭,寇则两翼夹攻,杀之殆尽。

(明 郎瑛《七修类稿·国事·土木之败》)

世所谓有勇无谋者,虎是也。

(清 李渔《闲情偶寄·饮馔·肉食》)

# 求田问舍

- **释 义** 形容只谋求一己小利，而无远大志向。

- 【出 处】 备曰："君有国士之名，今天下大乱，帝主失所，望君忧国忘家，有救世之意；而君求田问舍，言无可采。"

(陈寿《三国志·魏志·陈登传》)

- **近义词** 问舍求田
- **反义词** 壮志凌云

## ■ 故事背景

陈登认为许汜缺乏大志，故而冷淡对待他。

陈登，字元龙，是东汉末年徐州广陵郡的名门望族，在郡内颇有威望，因助曹操牵制吕布有功，加官为伏波将军，可惜三十九岁便去世了。

许汜和刘备在刘表处共事。有一天，三人一起煮酒论英雄，讨论当今天下人物。

许汜说："陈元龙是江湖中人，态度傲慢。"

刘备就问刘表："许汜的话对吗？"

刘表巧妙地回应："如果我说不对，但许汜兄是个好人，说话不该有错；如果我说对，陈登又的确是个名重天下的人啊！"

刘备回问许汜："你说陈登傲慢，有例证吗？"

许汜回答："我到徐州下邳避难时，曾拜访元龙，他没有一点主人待客的态度，对我很冷淡，久久没有理会我，自己却躺在上边的大床上，只叫我躺下边的小床。"

刘备听罢便说："如今天下大乱，天子难以执政，你是国士，人人都希望你忧国忘家，为国家、百姓做出贡献，你却只想为自己买田买屋，对国家没有提出半点良谋，这是陈登所不喜欢的，你凭什么觉得他会和你交谈呢？如果是我，恐怕我要躺在百尺楼上，让你睡在地上呢！"

刘表听了大笑。刘备继续说："元龙文武全才，胆略和志向，只有在古时贤人的身上才可找到，一般人根本难望其项背。"

### ■ 延伸阅读

陈登出生于徐州士族世家，

刘备

徐州牧陶谦生前与刘备、孔融等人都是其座上客。陶谦死后，是陈登力劝并协助刘备接任徐州牧的。所以刘备十分了解陈登的为人，两人也惺惺相惜。陈登曾论天下人物，说："雄姿杰出，有王霸之略，吾敬刘玄德（刘备）。"刘备对陈登也很推崇，说："若文龙文武胆志，当求之古耳，造之难得比也。"刘备与陈登，都是心怀天下之志的人物，自然看不起许汜一类只追求个人名利的人了。

### 历代例句

求田此山下，终欲忤陈登。

（宋 王安石《游栖霞庵约平甫至因寄》诗）

一事避君君匿笑，刘郎才气亦求田。

（清 龚自珍《己亥杂诗》之二一五）

北方的士族一过江来，就纷纷求田问舍。

（近代 郭沫若《中国史稿》第三编第八章第三节）

# 望梅止渴

- **释　义**　比喻愿望无法实现，唯有以空想或假象等安慰自己。

- **【出　处】**　魏武行役失汲道，军皆渴，乃令曰："前有大梅林，饶子，甘酸可以解渴。"士卒闻之，口皆出水，乘此得及前源。

（南朝宋　刘义庆《世说新语·假谲》）

- **近义词**　画饼充饥

## ■ 故事背景

曹操征讨张绣时，士兵因口渴不想赶路，曹操假说前面有梅林，吸引士兵继续前进。

建安三年（公元198年），刘备与曹操合力消灭吕布后，跟随曹操回到许昌，曹操对刘备礼遇有加，外出时常同乘一辆车，就座时也常同坐一席。有一日，曹操看到家中后园的一棵青梅树长满了梅子，突然有了闲情逸致，邀请刘备来府中欣赏青梅。两人把酒言欢，一同品尝美酒之余，曹操还对刘备回忆起去年的一段往事。

当时曹操率兵征讨张绣，由于天气炎热，路上缺水，士兵在途中因口渴而疲倦,不愿赶路。曹操眼见士兵懒洋洋,自己虽然心急如焚,但也无可奈何。

他独自走到山丘上,突然心生一计,以长鞭指着前面遥远的地方,大声叫道:"前面有大片梅林,结了很多梅子,梅子又大又酸甜可口,吃了可以解渴。"士兵听到后信以为真,都幻想着梅子的酸味,口水流了出来,感觉就没有那么口渴了。他们立即兴奋地继续前进,不久,终于找到水源,解决了口渴的困境。

曹操

■ 延伸阅读

由此可见,曹操有很丰富的知识和生活体验,亦有善于解决问题的聪明才智。有广博的知识和生活体验是很重要的。古语有云:一物不知,儒者之耻。意思也是强调拥有丰富知识和生活体验的重要性。人一生面对的种种问题,大部分是靠知识和体验去解决的。当然,有丰富的知识和生活体验，也要具备善于解决问题的能力。

———————— 历代例句 ————————

吴人多谓梅子为"曹公"，以其尝望梅止渴也。

（宋　沈括《梦溪笔谈·讥谑》）

却那里得这银子来！只好望梅止渴，画饼充饥。

（明　凌濛初《初刻拍案惊奇》卷十五）

# 身先士卒

- **释　义**　作战时将领冲在士兵的前面，奋勇杀敌。现也泛指领导带头走在群众前面。

- **【出　处】**　（孙）策西袭庐江太守刘勋，辅随从，身先士卒，有功。

  （陈寿《三国志·吴志·孙辅传》）

- **近义词**　一马当先、以身作则
- **反义词**　瞠乎其后、裹足不前

## 故事背景

孙辅跟随孙策征战多年，作战时总是走在士兵的前面，勇敢杀敌。

建安二年（公元197年），孙策率兵讨伐丹阳七县，驱走袁术的从弟丹阳太守袁胤。孙策深知此事会惹怒袁术，便命孙辅驻守历阳阻挡袁术，并招募留下的百姓，重新结集失散的士兵。袁术对袁胤被驱走心感不悦，于是暗中派人前往丹阳，煽动当地山贼陵阳祖郎等人围攻孙策。孙辅跟随孙策进军陵阳，生擒祖郎等人。

孙策当时正积极招揽有能之士，他对祖郎说："虽然你曾经袭击我，斩断我的马鞍，令我几乎丧命，但我现在要建功立业，正招揽有能之士。你我舍弃当日恩怨，过往的事就此作罢，你不要因此而恐惧。"祖郎叩头谢罪，孙策任祖郎为门下贼曹一职。

孙策

建安四年，孙策向西进袭庐江太守刘勋。孙辅随军参战，他身先士卒，冲锋陷阵，率领士兵杀敌，立下战功。孙策任命孙辅为庐陵太守，安抚平定所属城镇；不久，又晋升孙辅为平南将军、假节兼交州刺史。

后来，孙辅担心孙权没有能力守住江东，于是遣使与曹操暗中来往。此事被人告发，孙权将孙辅囚禁起来，孙辅数年后死去。其子孙都在吴国担任官职。

■ 延伸阅读

孙辅是孙坚长兄孙羌的次子，是孙策堂兄。孙坚起

■ 【孙氏家世系表】

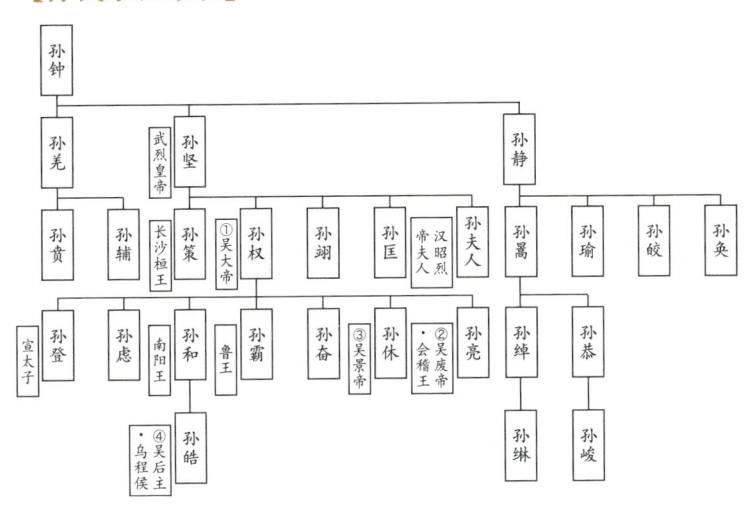

```
孙钟
├─ 孙羌
│   ├─ 孙贲（宣太子）
│   └─ 孙辅（长沙桓王）
├─ 孙坚（武烈皇帝）
│   ├─ 孙策（①吴大帝）
│   │   ├─ 孙登
│   │   └─ 孙虑
│   ├─ 孙权（汉昭烈帝夫人）
│   │   ├─ 孙和（南阳王）
│   │   │   └─ 孙皓（④吴后主·乌程侯）
│   │   ├─ 孙霸（鲁王）
│   │   ├─ 孙奋
│   │   ├─ 孙休（③吴景帝）
│   │   └─ 孙亮（②吴废帝·会稽王）
│   ├─ 孙翊
│   ├─ 孙匡
│   └─ 孙夫人
└─ 孙静
    ├─ 孙暠
    │   ├─ 孙绰
    │   │   └─ 孙綝
    │   └─ 孙恭
    │       └─ 孙峻
    ├─ 孙瑜
    ├─ 孙皎
    └─ 孙奂
```

义时，孙羌的长子孙贲放弃地方小吏的职位，追随孙坚征战。孙坚死后，孙贲投靠袁术，继掌孙坚部分部曲[1]。因与豫州刺史刘繇争战，得到孙策协助而战胜了刘繇。自此，孙贲与孙辅一起追随孙策征战，打过不少胜仗，兄弟皆成为孙策手下重将。曹操为与孙策结好，曾为他的儿子曹彰娶孙辅女为媳妇。孙策殒命后，十八岁的孙权继位，孙策军团各路人马开始动摇，更有弃权而去的。近亲中以孙辅离权最早也最具代表。后曹操南下破荆州，孙贲也曾动摇，最终因朱治劝阻而放弃。

可以看出孙吴军团与曹操军团的一个共同之处——宗

---

1 部曲：出自《唐律疏议》，意指军队。

亲一直是军团的重要组成力量。

## 历代例句

秋谷既登，胡马已肥，前锋诸军并有至者，臣当首启戎行，身先士卒。臣与二虏，势不并立，聪、勒不枭，臣无归志。

（唐 房玄龄等《晋书》）

虏攻彭城南门并放火，畅躬自前战，身先士卒。

（宋 李昉《太平御览》）

身先士卒，杀羌兵千余人，复还入城。

（宋 司马光《资治通鉴·三国后》）

沮渠蒙逊，胡夷之杰，内修政事，外礼英贤，攻战之际，身先士卒，百姓怀之，乐为之用。

（宋 司马光《资治通鉴·三国后》）

操尝问诸子之志。彰曰："好为将。"操问："为将何如？"彰曰："披坚执锐，临难不顾，身先士卒；赏必行，罚必信。"

（明 罗贯中《三国演义》）

# 出言不逊

- **释　义**　说话傲慢无礼。

【出　处】（郭）图惭，又更潜（张）郃曰："郃快军败，出言不逊。"郃惧，乃归太祖。

（陈寿《三国志·魏志·张郃传》）

- **近义词**　出言无状
- **反义词**　谦恭下士

## ■ 故事背景

张郃原本效力于袁绍，后被诬陷说话不恭敬，便弃袁绍归顺曹操。日后成为曹操的手下名将。

东汉末年黄巾之乱，张郃响应朝廷招募，以军司马身份跟随韩馥镇压叛乱。韩馥兵败后，张郃带兵归顺袁绍。袁绍任命张郃为校尉，派他攻打公孙瓒，因立下不少战功而升为宁国中郎将。

建安五年（公元200年），曹操与袁绍于官渡对峙，袁绍派淳于琼监送粮草，驻扎在乌巢。曹操亲自率兵攻打淳于琼，情况危急。张郃向袁绍说："曹军精锐，这次一定会攻陷乌巢，打败淳于琼。如果淳于琼战败，将军你就会处于被动不利的境地，所以应赶紧派兵救援淳于琼。"郭图则建议应先攻曹操的大本营，到时曹操必定带兵回去，这叫不救自解。张郃则说："曹营坚固难攻，如果淳于琼等人被抓，我们也就成为俘虏了。"袁绍没有听从张郃的建议，只派出轻装骑兵前往营救淳于琼，而派重兵攻打曹操大营，结果曹营没有攻下来，而曹操果然打败淳于琼，袁军溃败。郭图却诬陷张郃："张郃对我军兵败感到高兴，说话不恭敬。"张郃害怕被追究，于是投降了曹操。

对于张郃的归降，曹操非常高兴，任命他为偏将军，并赐给他随从。张郃开始跟随曹操南征北战，先后攻下邺城，在渤海击败袁谭，围攻雍奴、讨伐柳城，与张辽出征东莱、讨伐管承，又打败马超、韩遂和张鲁等，战功彪炳。

建安二十年，张郃与夏侯渊等人驻守汉中，抵御刘备。刘备乘夜猛攻张郃，张郃率兵抵抗，刘备未能攻克，便改走马谷放火烧毁曹军营寨。此时，曹军刚失去统帅，众人担心刘备会乘虚而入。夏侯渊的部属郭淮推举张郃为主帅，众人和议，张郃调兵遣将，指挥军队防守，军心也就逐渐稳定下来。曹操派使臣授予张郃兵符，让他指挥军队，自己更亲率军队来汉中。但刘备据守高山坚守不战，曹操只好从汉中退兵，张郃则在返回途中屯驻陈仓。

张郃是三国时期一位有勇有谋的将帅。诸葛亮第一次出祁山北伐，就因马谡在街亭败于张郃而前功尽弃。后来，在司马懿与诸葛亮的对抗中，司马懿不听张郃的劝阻，命他追赶退兵的诸葛亮军，被诸葛亮伏军以弓弩射死。

■ 延伸阅读

三国是一个战争的年代，英雄辈出，战将如云。在战将中，亦有不同的类型：张辽、赵云、张郃、吕蒙等都属于智勇双全的名将。与袁绍手下大将文丑和颜良只是匹夫之勇不同，张郃能战而有谋。张郃在官渡之战时投降了曹操，这是关乎官渡之战成败的一大关键。

―――― 历代例句 ――――

邻人与他争论,他出言不逊,邻人就把他毒打不休。

(明 凌濛初《初刻拍案惊奇》卷十四)

# 愚不可及

- **释　义**　此成语有正反两义。本指大智若愚，常人不可及。后多形容愚蠢无比。

- **【出　处】**　智可及，愚不可及，虽颜子、宁武不能过也。

（陈寿《三国志·魏志·荀攸传》）

- 近义词　大智若愚
- 反义词　愚昧无知

## ■ 故事背景

荀攸跟随曹操征战多年，是曹操集团中重要的谋士，运筹帷幄，曹操称赞他大智若愚。

建安七年（公元202年），荀攸跟随曹操到黎阳征讨袁绍的两个儿子袁谭、袁尚。第二年，曹操要讨伐刘表时，袁谭和袁尚争夺冀州，袁谭派辛毗做代表向曹操归降并要求援兵。曹操计划答应袁谭的要求，召来下属商议。众人认为刘表势力强大，应先平定刘表，而袁谭、袁尚不值得担忧。但荀攸力排众议，他认为刘表无远大志向，不足为惧。袁绍占据四个州，拥兵十万，并且深得部下拥戴。若袁氏两兄弟联手守着这基业，天下就难以安定了；如果一方吞并另一方，一旦统一就更难对付，所以应趁他们内讧、势力薄弱时谋取他们，才能平定天下，所以现在机不可失。

曹操采纳了荀攸的建议，答应袁谭结亲，回军打败袁尚。后来袁谭叛变，荀攸跟随曹操斩杀了袁谭，平定了冀州。曹操上表赞扬荀攸跟随他征战多年，先后打败敌人，都是荀攸的计谋，加封荀攸为陵树亭侯。建安十二年，曹操大规模论功封赏，荀攸被任命为中军师。魏国建立，荀攸成为尚书令。

荀攸

荀攸为人老谋深算、心思缜密，自跟随曹操以来，运筹帷幄，当时很少人知道荀攸说过些什么，但曹操常常称赞他："通达（荀攸）外表朴拙而内心有智慧，外表怯弱而内心坚强，生性谦虚，从不夸耀、宣扬自己的功劳和长处，他的聪明才智也许有人比得上，但他的外表朴拙，就未必有人能及了。"曹丕为太子时，曹操称赞荀攸是众人的老师和表率，要曹丕以最高礼节对待荀攸。

荀攸患病时，曹丕曾亲往探望，并在床前跪拜，可见荀攸备受礼重。建安十九年，荀攸在跟随曹操征伐孙权的途中去世，曹操一提起他就伤心流泪。

■ 延伸阅读

荀攸是曹操最重要的谋臣荀彧的小叔，却比荀彧年少。荀家是东汉时期的高门望族，人才辈出。

───── 历代例句 ─────

子曰："宁武子，邦有道则知，邦无道则愚；其知可及也，其愚不可及也。"

（春秋 《论语·公冶长》）

我们醉后常谈些愚不可及的疯话，连母亲偶然听到了也发笑。

（近代 鲁迅《朝花夕拾·范爱农》）

# 兵贵神速

- **释　义**　用兵贵在行动特别迅速。

- **【出　处】**　太祖将征袁尚及三郡乌丸。……嘉言曰:"兵贵神速。"

  （陈寿《三国志·魏志·郭嘉传》）

- **近义词**　速战速决、事不宜迟
- **反义词**　坐失良机

## ■ 故事背景

郭嘉建议曹操派出轻骑，突袭乌丸。

郭嘉年轻时曾欲投靠袁绍，但发现袁绍优柔寡断，不懂用人之道，于是离袁绍而去。后来，荀彧将他推荐给曹操，郭嘉足智多谋，获得曹操重用。

建安五年（公元200年），郭嘉跟随曹操攻打袁绍，双方于官渡争持（官渡之战），曹军焚毁袁军粮草，袁军溃败。不久，袁曹双方再发生仓亭之战，袁军再次战败，袁绍元气大伤。

建安七年，袁绍忧病去世。他的儿子袁谭、袁尚兄弟相争，袁谭被袁尚打败，向曹操投降，但不久又叛变，结果被曹军杀掉。袁尚辗转逃到乌丸，曹操于是打算征伐袁尚、出兵乌丸。当时众多部下都担心刘表会乘机派刘备讨伐曹操，郭嘉则力排众议，认为刘表对刘备有所顾忌，不会让刘备作战，故无须顾虑。曹操于是带领郭嘉等将领远征乌丸。

郭嘉

曹军到达易县时郭嘉向曹操建议："行军之道讲求行动迅速，才能攻其不备，取得胜利。我们跋山涉水千里行军，辎重过多，行动缓慢，很难抓住有利时机，况且对方一旦发现，必定预先设防对抗。不如放下辎重，轻装上阵，命士兵从各路加速前进，出其不意地突袭。"曹操听后，采用郭嘉的建议秘密通过卢龙塞，直捣乌丸单于驻地。胡人突然听到曹军杀到，惊慌失措，不敢应战。曹军大败乌丸军，袁尚与兄长袁熙一同逃往辽东。

郭嘉有谋略、通情达理，曹操曾说："只有郭嘉能知道我的想法。"建安十二年，郭嘉病重，死时只有三十八岁，曹操亲自前往吊丧，悲从中来，说道："我伤心啊奉孝（郭嘉，字奉孝）！悲痛啊奉孝！叹惜啊奉孝！"又在给荀彧的信中一再表示很挂念郭嘉，怀念郭嘉与他共患难的经历，认为郭嘉足智多谋，是最懂他心思的人。

## ■ 延伸阅读

曹操曾说，"使孤成大事者，必此人！"在袁绍与曹操冲突白热化的时候，郭嘉向曹操分析了曹袁两人各自的优劣，指出曹有十胜之利而袁绍则有十败之弊。坚定了曹操抗衡袁绍的信心。趁袁绍征伐公孙瓒的机会，迅速征讨吕布，再征伐刘备以除后患等，都是郭嘉的计策。

# 三顾茅庐

- **释 义** 指诚心实意地一再邀请。

- 【出 处】 刘备往访诸葛亮,凡三往,乃见。后诸葛亮上后主表云:"先帝不以臣卑鄙,猥自枉屈,三顾臣于茅庐之中,咨臣以当世之事,由是感激,遂许先帝以驱驰。"

(陈寿《三国志·蜀志·诸葛亮传》)

- **近义词** 礼贤下士
- **反义词** 唯我独尊

## ■ 故事背景

刘备三次拜访诸葛亮,邀请诸葛亮出山,助他复兴汉室。

诸葛亮字孔明,在南阳自耕自食,常常将自己与管仲、乐毅相比,当时的人都不以为然,只有崔州平、徐庶认为他的说法恰当。

建安十二年(公元207年),刘备驻军新野,徐庶前往拜见刘备。刘备在徐庶的推荐下拜会诸葛亮,直到第三次拜访才得以相见。

诸葛亮为刘备分析天下形势，认为曹操兵多势强，不宜硬碰；孙权占据江东天险之利，加上有贤人辅助，民心归向，可以争取他的支持；刘备可以先取荆州，再取益州，再谋复兴汉室。刘备听后喝彩叫好。

诸葛亮答应辅助刘备，两人友情亦日益深厚，刘备更将得到诸葛亮的帮助形容为像鱼得到水一样，互相契合。

三顾茅庐

■ 延伸阅读

"三顾茅庐"和"如鱼得水"这两个成语，讲述的都是刘备礼贤下士，邀得诸葛亮出山相助的历史故事。刘备三到隆中礼请诸葛亮，时年已四十七岁，而诸葛亮才二十七岁。当时的刘备虽然依托于荆州牧刘表，但他自黄巾之乱开始，参与东汉末年群雄争霸已二十年，实力虽然单薄，名声却不小。一时间，有实力的雄主，如陶谦、吕布、袁绍、曹操等都很看重刘备，视他为枭雄或英雄。而当时的诸葛亮不仅年轻，且无一官半职，只是隐居于荆州的地方名士。如诸葛亮自己所说，刘备竟"猥自枉屈"，可见刘备有过人的胸怀；茅庐中的一席话，就洞悉了诸葛亮的才智和为人，也足见刘备阅历的深厚和识人之明。反过来，诸葛亮虽然只是耕读于南阳隆中的地方年轻名士，却志大才高、抱负远大。诸葛亮具有的能力，要出山入仕并不难，而他最终选择追随奋斗了二十年而无所成的刘备，这种志气和襟怀也非比寻常。"三顾茅庐"成了颂扬千古的一段佳话，成就了一段可歌可泣的历史。

# 如鱼得水

- **释　义**　比喻得到与自己心意投合的人或适合自己的环境。

- 【出　处】　孤之有孔明,犹鱼之有水也。

(陈寿《三国志·蜀志·诸葛亮传》)

- **近义词**　如虎添翼
- **反义词**　寸步难行

## ■ 故事背景

刘备三顾茅庐邀得诸葛亮出山相助,令他如虎添翼。

建安十二年(公元207年),刘备领兵驻扎新野,徐庶前往拜见刘备时,向他推荐诸葛亮,并形容诸葛亮是一个未露头角的杰出人才,不过,若要请得诸葛亮出山,就要刘备亲自前去拜访。

刘备便前去拜访诸葛亮,结果去了三次才得以相见。刘备屏退左右,向诸葛亮讨教复兴汉室的策略。诸葛亮分析当前形势,认为不宜与曹操冲突,还要争取孙权的支持,不能谋取他。还分析说荆州北有汉水、沔水作为天然防线，南有可直达大海的广阔土地和丰富资源，东面连接吴郡和会稽，西面贯通巴蜀，本是可以有作为的地方，然而这地方的主人刘表却守不住它；益州地势险阻，州内沃野千里，是天府之国，昔日汉高祖亦凭借此地建立帝业。这里人口众多、物阜民丰，可惜刘璋懦弱，不懂珍惜，张鲁又占据益州北部。这里的有才之士都希望有一个贤明君主，刘备既是汉室宗亲，信用和道义都扬名全国。如果能占据荆州和益州，守住各处要塞，西与夷狄和睦共处，南则安抚少数民族，外与孙权联盟交好，内则以德治人。待天下局势有变时，就命令一名猛将率领荆州军攻向宛城、洛阳，刘备则亲自率领益州军队从秦川出兵，老百姓一定夹道欢迎，那么自能成就霸业，复兴汉室。刘备听后大叫："好！"

诸葛亮

诸葛亮答应辅佐刘备，两人友情亦日益深厚，因而惹得关羽、张飞不高兴，刘备对他们说："孤得到孔明，犹如鱼得到水一样，互相契合，你们不要再说了。"关羽和张飞才不敢再有不满。

■ 延伸阅读

　　刘备之与诸葛亮能"如鱼得水"的相得，除了在《隆中对》中，诸葛亮给刘备指出发展的大策略外，刘备与诸葛亮在奋斗目标、治国安民的理念与为人处世的行为等方面都很相得，所以才能结下千古罕见的君臣之间如鱼得水、推心置腹的组合。袁准评刘备和诸葛亮两人如鱼水的关系，称："刘备足信，亮足重。"裴松之说："观亮君臣相遇，可谓希世一时，始终之分，谁能间之？"

―――――― 历代例句 ――――――

何力入延陀，如涸鱼得水，其脱必遽。
（宋　欧阳修等《新唐书·契苾何力传》）

平王曰："卿久不莅任，朕心悬悬。今见卿来如鱼得水，卿何故出此言那？"
（明　冯梦龙《东周列国志》第五回）

# 初出茅庐

- **释　义**　刚刚出来做事或刚步入社会。

【出　处】《三国志》并无记载其事,此事见于《三国演义》。明代罗贯中《三国演义》卷三十九,叙述亮出山后,初掌兵权,设奇计在博望坡大破曹操兵,堪称"直须惊破曹公胆,初出茅庐第一功"。

- **反义词**　老于世故

## ■ 故事背景

诸葛亮出山不久,即巧施妙计大败曹军,崭露头角,奠定了他在蜀国的地位。

刘备请得诸葛亮出山相助,并拜他为军师,对他非常敬重。关羽和张飞对年纪轻轻的诸葛亮却不以为然。

不久,曹操派夏侯惇、于禁和李典等将领率十万大军攻打新野,刘备急忙找诸葛亮商讨对策。诸葛亮说:"我指挥打仗是可以的,只怕众将领不听我的命令,愿主公借我印剑。若有人不听指挥,我可以用军法处罚。"刘备随即将印玺和佩剑交给诸葛亮。

诸葛亮随即召集将领，命关羽带领一千人马在豫山埋伏，待曹军经过时先放过曹军的先头部队，看到南面起火时就迅速出击。张飞亦带领一千兵马驻扎在安林背后的山谷，看到南面起火后，就杀向博望坡，烧掉城内的粮草。关平和刘封带领五百兵马先准备好柴草，在博望坡后面等候，待曹军一到，就放火烧柴草。诸葛亮又命赵云当先锋，与曹军对阵时假装不敌，引诱敌人追入博望坡。刘备则带领兵马做后援。

关羽和张飞看着这年轻小伙子指挥若定，心中自然满不是滋味，但诸葛亮有刘备的印信和佩剑，两人和众将领唯有听命行事。

《中国古版画》诸葛亮

夏侯惇率领大队兵马向博望坡进发；赵云按诸葛亮的命令佯装不敌，且战且走；夏侯惇领兵追至博望坡，早已埋伏在博望坡的刘备出兵迎战。夏侯惇不虞有诈，继续追击，于禁和李典紧紧跟随着夏侯惇，不知不觉追至一处道路狭窄的地方，两边长满芦苇，两人大感不妙，连忙追上夏侯惇，提醒他路窄难行，四处芦苇，要提防敌人火攻。

此时，夏侯惇才猛然发觉上当，当即下令撤兵。说时迟那时快，只见两边芦苇着火，背后喊声震耳欲聋。曹军夺路而逃，赵云领兵杀回来，夏侯惇已无心再战，狼狈逃离。

李典眼见情势不妙，急忙飞马赶回博望城，但火光中被一支军队拦截，抬头一看，将领正是关羽。两军一场混战，李典终于逃离。于禁看到粮草被烧，就从小路逃跑了。夏侯兰和韩浩赶去救粮草，中途又遇上张飞，才战了几个回合，夏侯兰被张飞一枪刺毙，韩浩则夺路逃脱。

两军一直战到天亮才收兵，刘备大获全胜。诸葛亮首次策划抗曹即把曹军杀个片甲不留，关羽和张飞自此对诸葛亮心悦诚服。

■ 延伸阅读

罗贯中的《三国演义》是中国四大古代小说之一，流行广泛，影响深远。其中故事多取材于陈寿的《三国志》和裴松之的注释。

# 舌战群儒

■ 释 义　跟很多人辩论，并驳倒对方。

【出　处】　诸葛亮舌战群儒　鲁子敬力排众议

（明　罗贯中《三国演义》第四十三回）

■ 反义词　张口结舌、无言以对

■ 故事背景

诸葛亮代刘备游说孙权，联手对付曹操。

建安十三年（公元208年），荆州牧刘表病逝。鲁肃建议孙权与刘备联手抗曹，并主动请缨前往荆州试探刘备意向。在鲁肃去荆州途中，刘表次子刘琮已投降曹操，原本投靠刘表的刘备慌忙南逃。鲁肃抄捷径与刘备相见并表明来意，诸葛亮也认为刘备应与孙权合力对抗曹操。

诸葛亮跟随鲁肃前往东吴，在等待孙权接见时，孙权二十多位文武官员，包括张昭、虞翻、步骘、薛综、严畯和程德枢等人见刘备势孤力弱便出言揶揄，诸葛亮一一应对、反唇相讥，令众人语塞。幸好黄盖和鲁肃刚好出来请诸葛亮到中堂与孙权会面，才为一众同僚解围。

诸葛亮给孙权分析形势时指出，孙权占据江东，刘备在汉水以南集结兵马，本是一起与曹操争夺天下，但曹操剿灭袁绍后，还攻破了荆州，刘备才被迫南逃。诸葛亮说道："将军你应估量自己的实力和当前局势，决定降曹还是抗曹。若表面投降内心却犹豫不决，反而会招惹大祸。"

孙权

孙权回应："如果你说得对，那刘备为何不投降曹操呢？"

诸葛亮答道："刘备乃汉皇室宗亲，英雄盖世，人们都仰慕他，如果功业不成，这便是天意，又怎能当曹操的下属呢？"

孙权大怒说："我又岂能将整个吴地和十万大军交由别人摆布，我心意已决，除了刘备，没有人能对抗曹操。然而刘备刚败给曹操，又如何能对抗强敌？"

诸葛亮说："刘备虽在长坂坡战败，但将失散归来的士卒和关羽的水军加起来，也有一万精兵，刘琦的将士也不下一万。曹操的军队从远处赶来,已渐露疲态。听说曹军追赶刘备时,轻骑日夜兼程也不过进军三百多里,这正是所谓'强弩之末,势不能穿鲁缟',这是兵家大忌,必定损兵折将。何况北方军队不善水战,同时荆州百姓也不过是迫于形势才不得不投降曹操。如果你现在能派出勇将统领兵马数万,与刘备合力,必能打败曹操。曹军一旦被打败,必定撤回北方,这样的话,荆州和东吴的实力便可增强,与中原鼎足而立。成败关键,就在今日。"

孙权听了非常高兴,即派周瑜、程普和鲁肃等人率领水军三万人,跟随诸葛亮到刘备那里,合力对抗曹操。

建安十三年,曹操于赤壁战败,率军北返,拉开了三国鼎立的序幕。

## ■ 延伸阅读

"舌战群儒"虽然是历史小说《三国演义》中"小说家言"的情节,但却是根据历史上诸葛亮代表刘备,随同鲁肃到柴桑,游说孙权的历史事实写成的。《三国演义》中,诸葛亮所游说的说词,也基本依据《三国志·蜀志·诸葛亮传》中的记载。

# 手不释卷

- **释　义**　形容好学勤读。

- 【出　处】　上雅好诗书文籍，虽在军旅，手不释卷。

  （陈寿《三国志·魏志·文帝纪·评》注引《典论·自叙》）

- **近义词**　手不释书
- **反义词**　浅尝辄止

## ■ 故事背景

曹丕讲述自己年轻时练武习文的经过，并忆述父亲曹操爱读书的情况。

曹丕出生时，正遇上董卓作乱，群雄割据，黄巾之乱和山贼叛乱，天下纷争不断。曹丕五岁时便开始学习骑射，八岁时已能够骑着马射箭。曹操每次出征，他都跟随左右，在军旅中成长的曹丕钟爱骑马射箭，而且箭无虚发、百发百中。曹丕十岁那年，曹操南征荆州，曹军被围困，长兄曹昂、堂兄曹安民都被害，而曹丕则骑马逃脱。

曹丕还跟随过许多老师习武，剑术、双戟无不精通。

他形容自己能将不同的旧剑法融会贯通，且变化多端，令对手难以捉摸。曹丕年少时爱舞双戟，舞动起来就像有铁甲掩护全身一样。后来，他跟随袁敏学习双戟，更是舞得出神入化。这是曹丕当了皇帝之后自己的追忆，显然有些夸饰，正史典籍中也不见曹丕在武功上有什么过人的成就。

曹丕

除习武外，曹丕自少就像父亲一样努力做学问功夫。他说曹操喜欢读诗书文籍，即使在行军打仗途中，也从来不会放下手上的书卷，他还引述曹操经常教导他们的话："年少时如果好学就能思维专注，年纪大了再学就容易忘记。年纪大而仍能勤奋学习，大概只有我（曹操）和袁伯业（袁遗）了。在父亲的影响下，曹丕年少时就读遍诗书经史，知晓诸子百家的言论。

### ■ 延伸阅读

有人评论曹丕天资聪敏,下笔成文,知识渊博,记忆力超群,多才多艺。说到读书习文,不仅曹操自己手不释卷,他的子孙也大都好学。二子曹彰,好武而不大习文,就曾被曹操教训过。

# 知人之鉴

■ 释　义　能够认识、了解别人品行才能的眼力和智慧。

【出　处】　颍川司马徽清雅有知人之鉴。

(陈寿《三国志·蜀志·庞统传》)

■ 故事背景

司马徽善于鉴别人才，他曾形容庞统的才华可与诸葛亮匹敌。

东汉末年的隐士司马徽有"水镜先生"之称，被形容为有知人论世、鉴别人才的能力。庞统十八岁时，慕名拜访司马徽。当时，司马徽正在树上采桑，他便一边采桑，一边与坐在树下的庞统交谈，两人从白天谈到晚上。司马徽惊讶于庞统的才智，形容他是南郡士人中最出色的一个，庞统的名声便不胫而走。

后来，庞统被南郡太守周瑜任命为功曹。周瑜死后，庞统跟随刘备。最初因不大管理政事，一度被刘备责备和罢免。后来得到鲁肃与诸葛亮的保荐，刘备再次接见庞统，经深谈后亦非常欣赏庞统的才华并委以重任，庞统遂成为刘备的重臣谋士。

### ■ 延伸阅读

庞统和诸葛亮不仅同是荆州名士，两人亦十分亲近。刘备投靠刘表，屯兵新野，因仰慕司马徽的名声，邀他出山相助。司马徽推辞，并将诸葛亮和庞统两人推荐给刘备，称亮为"卧龙"，统是"凤雏"。庞统虽年轻，也以善于"品评人物"而知名。庞统也不负刘备的信任，在入据蜀地和夺取刘璋的益州时，贡献很大，可惜在攻打成都时中箭殒命。

---- 历代例句 ----

所举荐杜如晦、房玄龄等，后皆自致公辅，论者称构有知人之鉴。

（唐　李延寿《北史·高构传》）

# 吴下阿蒙

■ 释　义　指学识浅薄的人。

【出　处】（鲁）肃拊蒙背曰："吾谓大弟但有武略耳，至于今者，学识英博，非复吴下阿蒙。"蒙曰："士别三日，即更刮目相待。大兄今论，何一称穰侯乎！"

（陈寿《三国志·吴志·吕蒙传》）

■ 故事背景

吕蒙好学，由一介武夫成为智勇双全、受人敬佩的大将。

吕蒙家中贫困，自幼便跟随姐夫邓当生活。邓当是孙策的部将，多次协助孙策讨伐山贼。有一次，邓当带军剿匪，当时只有十五六岁的吕蒙暗中跟随。邓当发现后大为吃惊，大声呵斥也阻止不了他。回来后邓当将此事告知吕蒙母亲。吕蒙母亲很是生气，欲惩罚吕蒙，但他说："贫贱的日子实在挨不下去了，若立下战功，说不定可以脱离贫困的日子呢！何况，不入虎穴焉得虎子？"母亲这才饶恕他。

吕蒙年少，邓当的部下都看不起他，还经常嘲笑他。吕蒙大怒，杀死了一个官吏后逃走，但不久通过校尉袁雄向上级自首。袁雄为他求情，孙策见到吕蒙后觉得他非等闲之辈，便把他留在身边。后来吕蒙跟随孙权、周瑜等南征北讨，屡立战功。不过，孙权身边的大将如鲁肃等都因吕蒙只是一介武夫而轻视他。

吕蒙

有一次，孙权对吕蒙和蒋钦说："你们现在已是手握大权的人了，必须要多学习，增长知识啊！"吕蒙最初总推说军中事务繁忙，难以腾出时间。孙权责备他道："我也天天读书学习，你的事务会比我多吗？"孙权还教导吕蒙该读什么书、读书目的何在，并建议吕蒙尽快阅读《孙子》《六韬》《左传》《国语》以及"三史"（《史记》《汉书》和《东观汉书》），于是吕蒙发奋读书，见识渐广。

周瑜死后，鲁肃接替周瑜职务，路过吕蒙住处时顺道探访吕蒙，并谈论当今局势。吕蒙为鲁肃分析形势，见解独到,令鲁肃大为惊讶。他走到吕蒙身边,拍着吕蒙的背说:"我以为你只在军事上有谋略,现在的你学识广博,不再是以前吴郡那个小伙子吕蒙了。"吕蒙回应:"士别三日,自当刮目相看。"鲁肃随即与吕蒙结为好友,并到后堂拜见吕蒙的母亲才告别。

■ 延伸阅读

吕蒙是历史上读书明理,因读书而人生得以脱胎换骨的最佳事例。另外,孙权鼓励、劝导吕蒙读书的用心,亦很难得。最紧要的,孙权不仅引导吕蒙努力读书,而且明确指出要他读书的目的,以及该读什么书、该如何读。孙权劝导吕蒙读书,是指导人读书的典范,也反映了孙权的见识。

# 栉风沐雨

- **释 义** 比喻不顾风雨，奔波劳苦。

- 【出 处】 今曹公遭海内倾覆，宗庙焚灭，躬擐甲胄，周旋征伐，栉风沐雨，且三十年。

  （陈寿《三国志·魏志·董昭传》注引《献帝春秋》）

- **近义词** 风餐露宿
- **反义词** 养尊处优

## 故事背景

董昭认为曹操为汉室劳苦功高，应晋爵为国公。

董昭原为袁绍参军，后成为曹操部下。建安四年（公元199年），曹操派刘备攻打袁术，董昭等人认为曹操放虎归山，刘备一定会作反。刘备叛变后被曹操击败，董昭调任为徐州牧。

次年，袁绍派将领颜良进攻东郡，董昭跟随曹操征讨颜良，曹操兵围邺城，董昭获任命为魏郡太守。当时的魏郡太守是与袁绍同族的袁春卿。曹操派人将袁春卿的父亲从扬州接来，董昭则写信给袁春卿，劝他归顺曹操，并侍奉父亲，以不失忠诚和孝顺。邺城平定后，董昭被任命为谏议大夫。

袁绍儿子袁尚投靠乌丸单于蹋顿，曹操率军征讨，董昭开凿河道运粮，为曹军解决了运粮问题。随后曹操举荐董昭为千秋亭侯，又转为司空祭酒。

建安十七年，董昭等人认为丞相曹操应晋封为国公，并应享有九锡的最高荣誉。他向曹操建议应仿效古代制度，建置分封五等爵位，又认为曹操辅助汉室劳苦功高，无论威信德行，都远胜古代贤臣如伊尹、周公等，应得到晋封。他写信给荀彧说道："曹公为匡扶汉室，亲自穿上铠甲、戴上头盔，三十年来经常不顾风雨地辛苦奔波，四处征战，铲除贼党，为百姓除害，使汉室得以保存下来。"

之后，曹操便接受晋封为魏公、魏王，埋下日后建立魏国的伏笔。

■ 延伸阅读

曹操的第一谋臣、为曹操立下汗马功劳的荀彧，因抵制曹操晋封魏公、魏王，心底抵触曹操篡汉的野心，最终被曹操逼迫而死。董昭多次辅佐帮助曹操，曹操晋封魏公、魏王都出于董昭的首倡和领衔上书,所以董昭的官职扶摇直上。荀彧与董昭,都曾全力扶助曹操,但两人目的不同,一个忠于汉室,一个顺意曹操,两人在历史上也留下一清一浊之名。

# 放虎归山

■ **释　义**　比喻放走敌人或对手，留下祸根。

【出　处】　刘璋遣法正迎刘备，……既入，（刘）巴复谏曰："若使备讨张鲁，是放虎于山林也。"

（陈寿《三国志·蜀志·刘巴传》注引《零陵先贤传》）

■ **反义词**　斩草除根

■ 故事背景

　　刘巴劝刘璋不要招引刘备入蜀，以劝阻汉中张鲁，刘璋不听，结果失去益州。

　　刘巴少有才名，荆州牧多次征召他，他都没有答应。刘表去世，曹操占据荆州，刘备南逃时，许多士人都跟随刘备，只有刘巴投奔了曹操。

　　曹操派刘巴招降长沙、零陵、桂阳三郡，恰逢刘备攻占了这三郡，刘巴无法向曹操交差，于是远走交趾游历。因与交趾太守士燮不和而被扣，并险些丧命。幸得一个主簿求情，并亲自押送他到成都，去见益州牧刘璋，刘巴这才幸免于难。

刘巴的父亲曾有恩于刘璋的父亲刘焉，因此刘璋见到刘巴后大为惊喜，并重用他，每有大事，都会先问他的意见。然而，刘璋性格懦弱，昔日依附刘焉的张鲁不听刘璋的命令，刘璋派兵攻打张鲁，战败而还。不久后，刘璋听说曹操将攻打益州，便欲借刘备之力对抗曹操和张鲁，但遭刘巴反对。刘巴说："刘备是才能出众的人，若让他率军进入益州，必成祸害。"但刘璋没有理会，派法正迎接刘备。刘备进入益州后，刘巴又劝谏刘璋："如果让刘备讨伐张鲁，就相当于将老虎放回山上，后患无穷。"刘璋依然不听刘巴的劝谏，刘巴一气之下，假以生病为由闭门谢客。

果然如刘巴所料，刘璋引狼入室，刘备攻陷成都，夺取了益州。刘备下令任何人不得伤害刘巴。刘巴向刘备请罪，刘备没有怪罪他，诸葛亮亦一再推荐他，刘备任刘巴为左将军西曹掾。建安二十四年（公元219年），刘备称汉中王，任命刘巴为尚书，后来又代替法正任尚书令。

刘备

刘巴虽然得到刘备重用,但总觉得自己并非一开始便跟随刘备,担心受到猜疑,故此做事从不多言,而且只谈公事,不与任何人交往。刘备称帝后,所有昭告皇天后土的祷文和策书,均由刘巴撰写。

■ 延伸阅读

刘备和诸葛亮不计前嫌起用刘巴,当然是尊敬他的能力、人品和号召力。作为政治家的刘备和诸葛亮自然能够理解,刘巴劝阻刘璋是一种尽忠职守的品质。诸葛亮写给刘巴的两封信,现在仍然很有一读的价值。一封信中说:"刘公(刘备)雄才盖世,据有荆土,莫不归德,天人去就,已可知矣。足下欲何之?"这封信是诸葛亮追劝刘巴返蜀的。另一封说:"张飞虽实武人,敬慕足下。主公今方收合文武,以定大事;足下虽天素高亮,宜少降意也。"这是劝导刘巴对张飞客气点。事情是这样的:张飞虽然是一武将,但是却很尊重有学问的人。张飞尊敬有学问的刘巴,曾到刘巴处住宿请益。刘巴却不跟张飞说话,张飞觉得他看不起自己,既气愤又尴尬。两封信虽然简短,却反映了诸葛亮处事的周致和分寸的恰当。

很有意思的是，孙吴重臣张昭曾与孙权议论刘巴拒张飞这件事，说刘巴气度"褊厄，不当拒张飞太甚"。孙权却认为，刘巴如果"随世浮沉，容悦玄德，交非其人，合足称为高士乎？"这可真是见仁见智了。不过，比之诸葛亮为人处世的方正和周致，刘巴只能是自守的高士而已。

# 一身是胆

■ 释　义　形容人的英勇无畏，胆量非常大。

【出　处】　先主（刘备）明旦自来，至云营围视昨战处，曰："子龙一身都是胆也！"

（陈寿《三国志·蜀志·赵云传》引注《云别传》）

■ 反义词　胆小如鼠

■ 故事背景

赵云奋不顾身营救部下，又智退曹军，刘备称赞他英勇无畏。

赵云，字子龙，原本是公孙瓒的部下。公孙瓒派刘备帮助田楷抵御袁绍时，赵云随军出发，自此便跟随刘备，对刘备忠心耿耿。

建安十三年（公元208年），荆州牧刘表去世，幼子刘琮继位后向曹操投降。刘备带着一批不肯投降、自愿跟随他的人南逃。曹操一路穷追猛打，在长坂坡附近追上刘备。刘备丢下妻儿，带着数十轻骑向南逃去。有人在刘备面前中伤赵云，说赵云已投降曹操，刘备闻言大怒，将手戟掷向那人，并说道："子龙不会离我而去的。"不久，赵云抱着刘备的儿子刘禅（阿斗），保护着刘备妻子甘夫人回来。原来，赵云单枪匹马从敌方的千军万马中先救出甘夫人，又冲入敌阵，几经艰险，在一枯井边找到刘备的另一妻子糜夫人，抱着刘禅的她已身受重伤。糜夫人不想连累赵云，嘱咐赵云要带刘禅回到刘备身边，后自己投井自尽。赵云将刘禅藏在胸前，冲出敌阵，亲自把刘禅交回给刘备，这便是百万军中藏阿斗的故事。

赵云

建安二十三年，刘备攻打汉中，黄忠斩毙曹将夏侯渊，曹操亲自领军争夺汉中，曹军运送粮食到北山下，黄忠与赵云决定劫粮。黄忠带着赵云的军队前去劫粮，不料过了约定时间仍未回来，赵云便带领几十名骑兵轻装快马冲出营地，寻找黄忠等人。途中遇上曹军，赵云与曹军交战，曹操大队人马杀到，敌众我寡，情势危急。赵云且战且退，冲出重围，冲回自己营地。

这时又得悉部下张着受伤，于是赵云再次冲回敌军阵营去救张著。赵云带着张著返回营地，曹军紧追。赵营里的张翼准备关上营门，抗拒曹军，但赵云下令大开所有营门，放下旌旗，并停止擂鼓。曹军怀疑内有伏兵，便带兵撤退。这时，赵云突然下令擂动战鼓，并从后方射击曹军。曹军大惊，阵脚大乱，许多人堕入汉水。第二天，刘备到赵营探望，并视察昨日交战的地方，他赞叹赵云："子龙真是英勇无畏啊！"其后奏乐饮宴。军中称赵云为虎威将军。

赵云不顾安危，数次犯险救出同僚，还巧用空城计智退曹军，其忠勇和才智备受后世赞赏。

■ 延伸阅读

罗贯中《三国演义》中亦描述诸葛亮北伐，马谡失守街亭后，诸葛亮撤军回汉中，司马懿欲乘胜追击，诸葛亮命人收起旗帜，禁止百姓出入，打开四面城门，自己则坐在城楼上弹琴，同样以一招空城计令司马懿为防有诈而撤军。这是罗贯中的一段移花接木的情节。

关于赵云勇猛敢斗的事迹，三国正史中有不少记载，《三国演义》中描写赵云的勇猛善战，也是有根据的。

# 寻章摘句

- **释 义** 意指只懂得搜寻、摘取文章的片段词句,不深究义理。

- 【出 处】 "屈身于陛下,是其略也。"南朝宋裴松之注引《吴书》:(赵)咨曰:"吴王……博览书传历史,藉采奇异,不效诸生寻章摘句而已。"

（陈寿《三国志·吴志·孙权传》）

- **近义词** 寻行数墨
- **反义词** 精挑细选

## ■ 故事背景

赵咨奉孙权之命出使魏国,赵咨向曹丕形容孙权是有雄才大略的大王。

建安二十五年（公元220年）春天,曹操去世,曹丕继位为丞相和魏王。同年冬天,曹丕篡汉称帝,即位为魏文帝。第二年,刘备在蜀地称帝后出兵伐吴,孙权派赵咨出使魏国求援。

曹丕接见赵咨时问道:"吴王孙权是个怎样的人？他是个有学问的人吗？"曹丕言语轻蔑,赵咨心生气愤,但既不能开罪曹丕，又不能有失孙权尊严，于是回应曹丕，赞许孙权是个聪明仁智、雄才大略的君主，忙完国家大事后，只要一有空闲，就博览群书，借此收集奇谋妙策，不像那些只追求美丽辞藻、片言只字的书呆子。曹丕让赵咨说得具体一点，赵咨回答："从普通阶层中起用鲁肃，是他的聪明；

孙权

在一般兵卒中提拔吕蒙，是他的明智；俘获于禁却没有杀掉，是他的仁慈；攻取荆州而兵不血刃是他的智慧；占据三州虎视四方是他的雄才；而屈身向你称臣证明他懂得策略。"曹丕又问："可以征伐吴国吗？"赵咨又答道："大国有百万雄师，小国也有抵御敌人的勇将。"听到赵咨的雄辩，曹丕为之惊讶，又问赵咨："吴国有多少像先生你这样有才能的人？"赵咨回应："聪明而又才能突出的，不下八九十人，像我这样的，简直多得可以车载斗量，多不胜数。"赵咨的能言善辩，曹丕也为之叹服。后来，赵咨一再出使魏国，连魏国人也非常敬重他。

■ 延伸阅读

三国时期,重要的历史人物都喜欢读书,这与东汉以来营造出"读书社会"的风气很有关系,这种风气到了战乱频仍的汉末三国时期也没有改变。曹操就一再说到他喜欢读书。赵咨在曹丕面前说孙权喜欢读书、善于读书,说的是实话。孙权说自己自主持吴国政事以来,"省三史、诸家兵书,自以为大有所益"。他劝导吕蒙多读书求学问,是为"自开益",不是叫他"治经为博士[1]",强调读书做学问,是为了做人做事有所得益。

———— 历代例句 ————

寻章摘句老雕虫,晓月当帘挂玉弓。

(唐 李贺《南园》之六)

---

1 博士:"博士"之称,开始于西汉武帝时所设的"五经博士",指专治某儒家经典而以之教授太学生的老师。

# 忍辱负重

■ 释　义　谓能忍受屈辱，承担压力。

【出　处】　国家所以屈诸君使相承望者，以仆有尺寸可称，能忍辱负重故也。

（陈寿《三国志·吴志·陆逊传》）

■ 反义词　一走了之、拈轻怕重

■ 故事背景

　　陆逊以过人的谋略，在夷陵之战中击败刘备。

　　黄初二年（公元221年），刘备以为关羽报仇为由，率领大军伐吴。孙权派出陆逊为大都督率军应战，并派孙桓率军到夷道抵挡蜀军。

　　刘备大军势如破竹，孙桓在夷道被蜀军包围，向陆逊求救。众将亦要求陆逊派出援兵，但被陆逊拒绝。他胸有成竹地说道："孙将军深得将士爱戴，夷道城池坚固，粮食充足，不必担忧。只要我们这里得胜，孙将军那边就能够解围。"

当时，陆逊所率将领中有的是孙策时的旧部下，有的是皇亲国戚，他们各有所倚仗，对于陆逊这位年轻的都督，自然有所不服。一时间众人议论纷纷，陆逊按着孙权给他的佩剑说："刘备闻名天下，曹操尚且忌他三分，如今强敌压境，各位将军深受国恩，应和睦相处，同心抗敌。我虽是一介书生，但承蒙主上委我重任。委屈各位接受我的调遣，是因为我还有一点可取的地方，就是能够忍受屈辱、承担重责。"他更提醒各将领军令如山，不得违犯，要记得守好本分。众将唯有噤声。

陆逊

结果，陆逊的连串战略果然奏效，击溃蜀军，孙桓亦得以解围，众将才佩服陆逊。后来，孙桓见到陆逊时说："先前我确实怨恨你不肯救我，如今大局已定，我才知道你调动有方。"

后来孙权得悉此事时问陆逊："为什么不向我报告发生过这件事呢？"陆逊回答道："微臣受主上大恩，所接受的任务超过了自己的才能，这些将领有的极得主上信任，有的是忠臣良将，都是国家的功臣，也是主上赖以共谋大业的人。臣虽愚钝,但一直都敬服蔺相如、寇恂宁愿委屈自己也要礼让他人的品德,以共谋国事。"孙权听后称赞陆逊做得好,加任陆逊为辅国将军,兼荆州牧,并改封为江陵侯。

■ 延伸阅读

"忍辱负重"有两层意思。一是能忍辱,才能负重,虽有才干和能力,如果行事任气使性,必不能负重致远。二是负重,是责任所在,为了责任,就要忍辱,即使委屈自己,也不去计较。"忍辱负重",看似容易,实则很难,非有大智大勇,胸襟广阔,眼光远大者,难以做到。

孙权本身就是一个能"忍辱负重"的人物,所以陈寿评论孙权一生时说:"孙权屈身忍辱,任才尚计,有勾践之奇英,人之杰矣!"孙权之所以能胜过他的父亲孙坚和兄长孙策,做出一番事业,其中一个重要原因就是能"忍辱负重"。

# 集思广益

- **释　义**　集中众人的智慧，采纳各种有益的意见。

- **【出　处】**（诸葛）亮后为丞相，教与群下曰："夫参署者，集众思，广忠益也。"

  （陈寿《三国志·蜀志·董和传》）

- **近义词**　群策群力
- **反义词**　独断专行

## ■ 故事背景

诸葛亮虚心听取他人的意见，还教诲下属多听不同的声音，广纳各种忠实的意见，这样才有机会将失误减至最低。

建安十九年（公元214年），刘备入主蜀地，任命诸葛亮为军师将军、董和为掌军中郎将。两人共事七年，合作无间、关系融洽。诸葛亮非常敬重董和为官清廉、勤恳负责、生活俭朴。建安二十六年，董和去世；同年，刘备称帝，建立蜀国，改元章武，任诸葛亮为丞相。

诸葛亮拜相后仍经常聆听他人意见，他还教导部下：

"处理国家事务,必须要多聆听不同人的意见,集合众人的智慧,采纳有用的意见。若因小事而互相猜忌,不肯提出自己的意见,就会对工作有影响。"他还以董和等忠臣为榜样告诫下属:"董幼宰(董和)在朝中任职七年,遇到事情有不周详之处,哪怕往返十次也要提出意见和建议。"他又说,"过去我初认识崔州平时,常会听到他对我的得失做出评论;与徐元直(徐庶)交往时,常会得到他的启发和教诲;与董和共事,他总会言无不尽;后来与胡济共事,他又一再给我进言劝谏。我虽然性格固执,未必

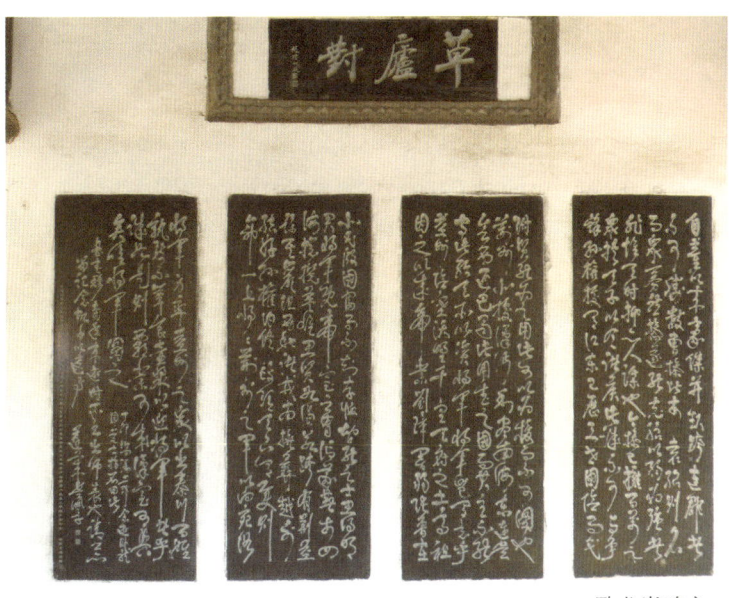

卧龙岗碑文

能够完全采纳他们的意见,但与他们始终相知相交,足以证明他们从不怀疑直言敢谏对我的帮助。"

■ 延伸阅读

"集思广益"虽为千古不易的道理,是常被人们挂在嘴边的词语,但是在实际生活中真正做到,却是很难的。诸葛亮生前一再褒扬董和对他的谏益,另称府令史董厥是"良士也"。诸葛亮"每与之言,慎思宜适",可见诸葛亮一直很用心听取属下意见。

―――――― 历代例句 ――――――

集思广益真宰相,开诚布公肝胆倾。

(宋　许月卿《次韵陈肇芳竿赠李相士》诗)

先朝一政一令必集思广益,孰复而后行之,其审重盖若此。

(宋　魏了翁《跋晏元献公帖》)

# 名不虚传

- **释　义**　指名望和实际相符，不是空有虚名。

- 【出　处】　帝大笑，顾左右曰："名不虚立。"

（陈寿《三国志·魏志·徐邈传》）

- **近义词**　名不虚立、名副其实
- **反义词**　名不副实

## ■ 故事背景

徐邈虽然喜欢喝酒，但为官清廉，深得魏文帝信任及百姓爱戴。

曹魏初期，徐邈任尚书郎。当时法令禁止喝酒，但徐邈经常私自饮酒，还饮至酩酊大醉。有一次，校事赵达向徐邈询问公事，徐邈回说："我醉了。"赵达将这话向曹操禀报，曹操大怒，欲惩罚徐邈，幸得度辽将军鲜于辅代为求情，曹操才没有处罚他。他先后被调派到陇西、南安任太守。

魏文帝曹丕即位，徐邈历任谯相，平阳、安平太守，颖川典农中郎将，所到之处都受到百姓爱戴，后来文帝赐他为关内侯。有一次，文帝巡视许昌，问徐邈说："还喝醉过吗？"徐邈答道："昔日子反（春秋时期楚穆王儿子）在谷阳喝醉，星夜逃走；御叔（春秋时期陈国陈宣公孙子）因饮酒而被罚重赋，微臣的嗜好与他们两位相同，我仍时常饮酒，却能常常因此而得到赏识。"文帝听后大笑，向身边的人讲："果然和传说中的一样。"调任徐邈为抚军大将军、军师。

明帝在位期间，任命徐邈为凉州刺史。他初到职即平定南安叛乱。对内他利用储藏敌人的粮食和广开水田供贫民租种等方法，解决了当地因少雨而粮食不足的问题。他还统一保管民间私藏的武器，并宣扬仁义，建学校，禁止过度丰厚的祭祀和葬礼，惩恶扬善，为冤狱翻案，支取凉州部分军费交换金帛犬马供朝廷使用。对外则与西域外族修好，令外族前来进贡。几年下来，百姓安居，社会秩序井然。

■ 延伸阅读

人有长短，重要的是大瑜小瑕。人人都是常人，自然各有缺点。善用人者，最重要的是分得清瑕瑜，不拘于小节。如蜀国的庞统和蒋琬，也有相同的遭遇。庞统曾被刘备免官，后得诸葛亮向刘备进言，说庞统是大才。刘备见庞统大谈国事，大为器重。蒋琬任广都长"众事不理，时又沉醉，先主（刘备）将加罪戮"。后得诸葛亮进言，说蒋琬是"社稷之才"，才不见罪于琬。庞统和蒋琬是先后建蜀的重要人物。这都是识人和懂用人的好例子。

###### 历代例句

瑜又引干到帐后一望，粮草堆积如山。瑜曰："吾之粮草，颇足备否？"干曰："兵精粮足，名不虚传。"

（明　罗贯中《三国演义》）

统笑曰："丞相用兵如此，名不虚传！"因指江南而言曰："周郎！周郎！克期必亡！"

（明　罗贯中《三国演义》）

"老将黄忠，名不虚传：斗一百合，全无破绽。来日必用拖刀计，背砍赢之。"

（明　罗贯中《三国演义》）

# 言过其实

- **释　义**　指言语夸张，与实际情况不符。

【出　处】先主临薨谓亮曰："马谡言过其实，不可大用，君其察之！"

（陈寿《三国志·蜀志·马良传》）

- **近义词**　夸大其词
- **反义词**　恰如其分

## 故事背景

刘备认为马谡能力有限，不堪大用。

襄阳人马良共有五兄弟，都因才华出众而闻名天下。他和弟弟马谡同时效力于刘备。马良更与诸葛亮结拜为兄弟，感情要好。

刘备曾派马良出使东吴，协调两国关系。到刘备称帝想要讨伐东吴时，又派马良到武陵安抚五溪[1]的少数民族，结果这些少数民族都归顺蜀国。然而，刘备在夷陵战败，马良阵亡。

---

1　五溪：今湖南怀化市，古称"五溪之地"。

马良的弟弟马谡也才智过人，尤善于军事谋略，不过刘备对马谡的印象则只属一般。刘备临终前更对诸葛亮说："马谡的言论浮夸，其实能力有限，不能重用，你要多加留意！"

诸葛亮却不以为意，认为马谡是有能力的人，于是任命马谡为参军，经常与马谡通宵达旦谈论国家大事。建兴三年（公元225年），诸葛亮南征，马谡就曾指出，南中叛军自恃地形险要且路途遥远，以武力降服他们并非长久之计，他们很快又会伺机再反，应以心理战降服南中。诸葛亮采纳马谡提议，以心理策略七纵七擒其中一个部落首领孟获，结果令孟获心悦诚服。

建兴六年，诸葛亮进军祁山，大家都说应由久经沙场的老将魏延、吴懿等担任先锋，但诸葛亮力排众议，提拔马谡为前锋。马谡与魏将张郃在街亭交战，马谡战败。诸葛亮失去进军要地，唯有退回汉中，马谡下狱，不久被判斩首。马谡死后，诸葛亮痛哭，并亲自祭祀马谡，军中十万人亦伤心落泪。诸葛亮亦以出师失败自贬三级。

蒋琬后来到了汉中，对诸葛亮说："天下未定便斩杀有智谋的人，难道不可惜吗？"诸葛亮则认为，必须军纪严明，才是行军制胜之策。

■ 延伸阅读

诸葛亮一生行事中最为人议论和惋惜的，就是用马谡做先锋守街亭，致使第一次北伐功败垂成，不得不"挥泪斩马谡"。从不同角度看，都有一定的理由。但有一点是肯定的，刘备是一个讲求实战经验的人，短于谋略。马谡其实长于谋略，在刘备眼中，马谡的锵锵论道，不合他的心思，见诸葛亮重视马谡，予以提醒，实属合理。而诸葛亮本身是谋略家，重视谋略和策划，对马谡自然重视。可惜棋差一着，安排缺乏实战经验的马谡去对付既有谋略又有实战经验的曹魏名将张郃。加上马谡又违背了诸葛亮的部署。军令如山，后来追究责任，诸葛亮挥泪，马谡死而不怨，蒋琬等众将官的惋惜，都是人世间一幕可歌可泣的悲剧。

# 七纵七擒

■ 释　义　比喻善于运用策略，使对方心服。

【出　处】"亮率众南征，其秋悉平。"裴松之注引《汉晋春秋》："亮至南中，所在战捷。闻孟获者，为夷、汉所服，募生致之。既得，使观于营陈之间，问曰：'此军何如？'获对曰：'向者不知虚实，故败。今蒙赐观看营陈，若只如此，即定易胜耳。'亮笑，纵使更战，七纵七擒，而亮犹遣获。获止不去，曰：'公，天威也，南人不复反矣。'"

（陈寿《三国志·蜀志·诸葛亮传》）

■ 故事背景

诸葛亮智斗孟获，令孟获心悦诚服，归降蜀国。

建兴三年（公元225年），诸葛亮率军南征，马谡随行，途中向诸葛亮进言，指出南方叛军自恃地形险要、远离中原，时生叛乱。若以武力征服，他们这边投降，那边又会伺机作乱。丞相对付南方叛军宜采取心理战，令他们心悦诚服为上策。诸葛亮到南中后，听说有一个部落首领孟获深受百姓信服，便想将他招降。诸葛亮第一次俘获孟获后，带他参观蜀军阵营，并问他："你觉得这军队怎么样？"孟获满怀自信地说："以前不知道你的虚实，所以战败。现在有幸看到你的军队阵营，若果真这样，要胜过你简直易如反掌。"诸葛亮笑起来，并放他回去重整军队再战。孟获再来挑战，再被生擒，诸葛亮又放他回去。如此捉完又放，放完又捉，到了第七次，孟获依然被擒，诸葛亮打算再放他回去，孟获这次不走了，愿意归降，他说："你是天上派来的雄师，我们不再反叛了。"

诸葛亮智擒孟获后，挥军直捣滇池。

诸葛亮继续以马谡的建议来征服南方，他平定南方地区后，都用当地首领率领军队镇守。有人曾劝诸葛亮应留下自己的将领率兵镇守，诸葛亮不以为意，他道出三大困难："如果留下外人，就要留军驻守，但哪里去找军粮呢？他们刚被打败，死伤众多，难免恼恨。若只留外人做守将却没有士兵驻守，必成祸患；另外，他们犯下了废除和斩杀当地官员的罪名，难免害怕过失会被追究，由外人监守管理，难以获得他们信任。现在我不费一兵一卒，不用运来军粮，便可稳定这里的局势，夷人（即当地少数民族）和汉人便可相安无事了。"

这一年的秋天,南方的叛乱全部平定,而诸葛亮有生之年,南方都没有再作乱。

■ 延伸阅读

在《诸葛亮集》有"南征教"一则。载"用兵之道,攻心为上,攻城为下;心战为上,兵战为下。"诸葛亮是深晓心战的军事家。在《三国志·蜀志·马谡传》中,马谡也对诸葛亮说过类似的话,相信是英雄所见略同。

---- 历代例句 ----

众君子备详前志,多综流略,必有善师善战之术,七纵七擒之方。

(唐 沈亚之《省试策三道·第二问》)

授桴作气,有七纵之能;孤剑无前,当万人之敌。

(唐 张说《唐故广州都督甄公碑》)

藏拙无三窟,谈禅剧七擒。史容注:"谈禅问答之间,譬若孔明之于孟获七纵七擒也。"

(宋 黄庭坚《次韵吉老十小诗》之四)


六韬三略曾闻,七纵七擒曾习。

(明 施耐庵《水浒传》第一一八回)


待彼三战三北余,试我七纵七擒计。

(清 黄遵宪《度辽将军歌》)

# 妄自菲薄

■ 释　义　看轻自己，缺乏自信。

【出　处】出师表："诚宜开张圣听，以光先帝遗德，恢弘志士之气，不宜妄自菲薄，引喻失义，以塞忠谏之路也。"

（陈寿《三国志·蜀志·诸葛亮传》）

■ 近义词　自轻自贱
■ 反义词　妄自尊大

■ 故事背景

诸葛亮诚心劝勉后主刘禅广开言路，赏罚分明，亲近贤臣，疏远奸佞小人，完成刘备统一大业的遗愿。

章武三年（公元223年），刘备崩逝，诸葛亮辅佐后主刘禅。建兴三年（公元225年），诸葛亮率军平定南方叛乱，两年后决定北伐中原，出发前给刘禅上奏疏，大意是：

先帝刘备统一大业的宏愿尚未完成便驾崩，如今天下三分，益州疲乏，正处于生死存亡的危急关头。不过朝廷的官员不敢懈怠，战场上的将士也奋勇抗敌，这是因为他们追念先帝的知遇之恩，想要报答给陛下。陛下应该广开言路，听取意见，发扬先帝遗留下来的美德，振奋士气，不应随便看轻自己，放纵失察，以致堵塞了忠臣劝谏之路。

皇宫和丞相府是一个整体，提拔、惩处、表扬和批评都应赏罚一致。如有作奸犯科或忠心善良的人，宜交有司决定惩罚或奖赏，以示陛下赏罚严明的治国之道。

陛下应亲近贤臣，疏远小人。侍中、侍郎郭攸之、费祎、董允，都是先帝刘备特地选拔出来辅助陛下的贤臣，所以宫中事情不论大小，都可以先咨询他们，然后实行，这样一定能弥补疏漏缺失。他们也有责任处理国家政务，

四川成都武侯祠
（照片来源：CK&Mayching）

进献忠言。将军向宠善良公正、精通军事，所以军中事情宜跟他商讨，一定能团结军心。陛下若能多亲近、信任他们，兴复汉室必定指日可待。

至于讨伐曹贼，希望陛下将这个责任交给我，若讨贼失败，就请陛下治我的罪，以告慰先帝在天之灵。

不过，陛下也应自行好好考虑，聆听治国之道，采纳正确的言论，以符合先帝临终时的教诲。

微臣深受皇恩，难掩激动之情，离别在即，看着表章难忍泪水，也不知道说什么才好。

诸葛亮随即领军出征，在沔水北岸驻扎。

■ 延伸阅读

诸葛亮的《出师表》是一篇传诵千古的至文。这篇文章曾在日本被选作中学汉语教科书中的课文。日本当时流行一种说法，谓读《出师表》而不泣泪者，非忠臣也。《出师表》对蜀国危急存亡的内外形势和环境进行了深入的分析。诸葛亮劝勉刘禅不要妄自菲薄，可见对他的个性和能力也是有深刻了解的。

## 历代例句

卿居后父之重,不应妄自菲薄,以亏时遇,宜依褚公故事,但令在贵权于事不事耳。可暂临此任,以纾国姻之重。

(唐 房玄龄等《晋书·列传》)

# 唇齿相依

- **释　义**　比喻关系密切，互相依存。

- 【出　处】　王师屡征而未有所克者，盖以吴蜀唇齿相依，凭阻山水，有难拔之势故也。

（陈寿《三国志·魏志·鲍勋传》）

- **近义词**　共为齿唇
- **反义词**　势不两立

## ■ 故事背景

鲍勋认为吴、蜀两国关系密切，又有天险阻隔，劝曹丕不要进攻吴国。

鲍勋为官清廉、节操高尚，深得同僚和百姓拥戴。不过，他的耿直却一再触怒曹丕。建安二十二年（公元217年），曹丕妻子郭夫人的弟弟因偷窃官布被揭发，按例应处死。曹丕几次为小舅子求情都遭到拒绝，怀恨在心，借故罢免鲍勋，过了很久才再任他为侍御史。

延康元年（公元220年），曹操去世，曹丕继任为魏王，同年称帝。鲍勋常常上表劝谏曹丕要重视军事和农业，宽厚仁慈地对待百姓，暂时不要兴建宫殿庭园，都令曹丕不悦。曹丕守孝期间出宫狩猎，鲍勋以有违居丧之礼进行劝阻，曹丕怒上心头，回宫后即将鲍勋贬为右中郎将。

黄初四年（公元223年），尚书令陈群、仆射司马懿一同举荐鲍勋为御史中丞，曹丕无奈应允。黄初六年，曹丕打算攻打吴国，召群臣一同商议，但鲍勋当面进谏："朝廷大军多次征吴都无功而还，大概是因为吴、蜀两国的关系密切，犹如唇齿般互相依靠，地理上又有重重天险阻隔，不易击破，而且路途遥远，难以攻克，绝对不可攻伐。"曹丕大怒，将他降职为治书执法。

后来，曹丕从寿春回来，驻扎在陈留郡。太守孙邕拜见曹丕，当时因营垒仍未建成，只建了营标，孙邕从侧路过而没有走大路，军营令史刘曜欲举报，但鲍勋以营垒还未建成而阻止。大军返回洛阳，刘曜犯罪，鲍勋上奏要求罢黜刘曜，刘曜则秘密告发孙邕的事，曹丕于是下诏将鲍勋捉拿交廷尉处置。廷尉判鲍勋苦役五年，经三官复审后改判罚金二斤，曹丕大怒，要判鲍勋死刑，并下令三官以下所有包庇鲍勋的都一起治罪。即使多位重臣为鲍勋求情，曹丕都坚持不听，最终将鲍勋处死。

■ 延伸阅读

曹操最初的起兵，得到了鲍勋父亲鲍信的大力帮助，鲍信也因救助曹操而战死。从鲍勋的言行看，他也是忠心于曹魏的，却因直谏而为曹丕所杀。鲍家父子都为曹家父子而死。但由众多的行为所见，曹丕是一个私心自用、胸襟狭隘、相当凉薄的人。鲍勋也许是个性过于耿直，也许是过度信赖鲍家与曹家的关系，但他的殒命，也不得不说是略欠知人之智了。

# 和颜悦色

- **释　义**　形容人态度和蔼可亲。

【出　处】"和颜色"注引徐众评："雍不以吕壹见毁之故，而和颜悦色，诚长者矣。"

（陈寿《三国志·吴志·顾雍传》）。

- **近义词**　和蔼可亲
- **反义词**　疾言厉色

## ■ 故事背景

吴国丞相顾雍严于律己，是一位气度宽宏的谦谦君子。

顾雍是吴国吴郡人，二十岁时已获举荐为合肥县长，后来还在多个郡县任官，都有政绩，数年间已升至左司马。孙权称帝后，任顾雍为大理奉常，领尚书令，封阳遂侯。

顾雍不饮酒，沉默寡言，举止优雅，孙权常叹道："顾雍不爱说话，但一说话就言必到题。"每逢饮宴畅乐，只要顾雍在，大家都不敢纵情放肆。孙权的侄女嫁给顾雍的外甥，酒筵间顾雍的孙儿顾谭与孙权[1]兴奋得跳起舞来，还跳得忘形不知停止，顾雍大为不悦，翌日召来顾谭斥责，骂他尊卑不分，忘掉臣子之礼，将来必定有辱顾家名声。

黄武四年（公元225年），顾雍改为太常，晋封醴陵侯，代孙邵为丞相，担任尚书工作。他所选用的文武官员都各司其职、尽忠职守。顾雍经常微服出巡，收集民间意见，有用的意见就秘密上报。若被采用，就将功劳给孙权；若没有采纳，也不会宣扬出去。孙权非常尊重他，每有国家要事，都会征询顾雍的意见。

吕壹、秦博出任中书，主管审核地方官府和州郡上报的文书。吕壹等人逐渐作威作福、苛征纳税，动辄检举他人、诬蔑大臣，顾雍等人也曾受累。后来，吕壹等人的

顾雍

---

1 孙权十五岁已任阳羡长。常从兄孙策出征。性格爽朗，好侠养士。十九岁兄孙策殒命，孙权主政孙吴，而成为三国鼎立之主，被视为三国时代的少年英雄。孙权承袭父兄荫恩，有公子哥儿气，又承传父兄好冒险和急躁的个性，行事颇为任性。孙权自少精于骑射，终其一生，好勇逞强；喜欢冒险打猎，在大风大浪中游戏，还嗜酒戏谑，作长夜饮，行为屡为大臣所忧虑。

恶行败露，被收押在廷尉府中，顾雍负责审理。顾雍虽曾被吕壹陷害，但没有怀恨在心，反而态度温和友善地问吕壹有没有申辩理由。临走时又对吕壹说："你还有什么想说的吗？"吕壹只是叩头不语。当时尚书郎怀叙当面辱骂吕壹，顾雍批评怀叙说："官府有明确法令，你何必如此呢？"

■ 延伸阅读

顾雍出身名门望族，是吴郡四大家族之一。顾雍曾向蔡邕学琴，蔡邕大加赞赏。顾雍的立身处世与道德风度是东汉名门望族优秀子弟的表率。他担任吴相十九年，与吴主的相与，作为臣属，真做到了不亢不卑、尽忠职守、清节自持。他对待负罪在身的吕壹的态度，也正是他方正气度的自然表现。

# 闭门思过

- **释　义**　关起门来反省自己的过错。亦作"闭门思愆"。

- 【出　处】　自谓能少敦厉薄俗，帅之以义，今既不能，表退职使闭门思愆。

（陈寿《三国志·蜀志·来敏传》注引《诸葛亮集》）

- **近义词**　反躬自省
- **反义词**　不思悔改

## ■ 故事背景

来敏因轻狂自大被诸葛亮撤职，让他留在家里自我反省。

来敏博览群书、知识广博，是东汉名将来歙的后裔，东汉末年天下大乱，来敏跟随姐姐避难到荆州，由于姐夫黄琬是刘璋的亲戚，令来敏有机会成为刘璋的座上客。

刘备平定益州后，来敏便开始跟随刘备、刘禅。诸葛亮进驻成都时，调任来敏为军师祭酒、辅军将军，后因犯事而被免职。诸葛亮解释来敏性格狂妄，曾说出悖逆之言，不满新人夺走他的官位俸禄，埋怨新人怨恨他。诸葛亮说："昔日刚平定成都时，曾有参与朝政的人批评来敏蛊惑百姓，先帝刘备碍于局势刚平定，所以包容了他。不过，先帝也曾不满刘巴选拔来敏任太子（刘禅）的总管。陛下即位后，我亦一时糊涂而提拔了他，有负参与朝政的人的意见，也违背了先帝对来敏的态度。只因我希望以诚心诚意来去掉他的恶习，用仁义来劝勉他，但现在看来，已不管用了。因此，我上表请求陛下将他撤职，让他留在家中闭门反省自己的过失。"

诸葛亮去世后，来敏一度回到成都任官，但又被免官。之后亦曾多次再获录用，又一再被罢官，都是因为他口不择言，举止有违常规所致。

■ 延伸阅读

在三国人物中，像来敏这样虽然博学多才，但是却恃才傲物、态度猖狂、口不择言的人物不少。或者说，不仅三国时期，历史上亦多有这种德不配才的文人。

## 历代例句

闭门思过谢来客,知恩省分宽离忧。

(宋 徐铉《徐公文集》三《亚元舍人不替深知猥贻佳作三篇清绝不敢轻酬因为长歌聊以为报未竟复得子乔校书示问故兼寄陈君庶资一笑耳》诗)

# 忧心如捣

- **释 义** 忧愁得像有东西在捣心一样。形容十分焦虑。语本《诗·小雅·小弁》:"我心忧伤,惄焉如捣。"

- 【出 处】 臣曾不能吐奇举善,上以光赞洪化,下以输展万一,忧心如捣,假寐忘寝。

（陈寿《三国志·吴志·周鲂传》）

- **近义词** 忧心忡忡
- **反义词** 无忧无虑

## ■ 故事背景

吴国周鲂成功诱骗曹休,令魏军大败。

周鲂自幼好学,被举为孝廉,任宁国县长。不久便因屡次讨贼有功而逐步升至昭义校尉。

太和二年（公元228年）,朝廷派周鲂在郡内找寻认识的魏国山贼头目,以诱骗魏国大司马扬州牧曹休。周鲂担心这些小头目难担大事,万一事情败露,便不能诱曹休前来,他便奏请朝廷派自己的亲信送信件诱骗曹休。

周鲂共写了七封信给曹休，内容大致是自己受到朝廷责难，恐怕即将大难临头，自己多年来都仰慕曹休的威名，希望曹休能收容他；并计划以鄱阳郡归降北方，请求曹休派兵接应。

周鲂将密函上呈孙权，解释自己诱骗曹休的计划。他在密奏中说："现在北方为贼寇威胁，微臣却苦无良策，对上无法光大辅助宏大的教化，对下无法做出点点功绩，这令微臣心如被捶击，夜不能眠。臣实在愧负皇恩。如今朝廷欲利用郡内山贼的头目诱敌，微臣再三思量，担心这些人不可信，不如让臣亲自诱骗曹休，计划可能更稳妥，也可以让臣有机会报答朝廷的恩典。"他还向孙权呈上写给曹休的书信草稿，道出自己的计划。

孙权批复周鲂可依计行事。周鲂当初提出这一密计时，孙权不断派郎官来询问有关细节，周鲂就借势到州府门外剪下头发表示认罪。曹休听说这消息后，果然信以为真。便统领十万步兵、骑兵和大量辎重，直至皖县，不料周鲂已集合兵马，跟随陆逊截击曹休。结果曹军大败，被斩杀、俘虏的人数以万计。

■ 延伸阅读

三国时期，不仅有明枪明刀的战斗，也有很多"苦肉计""反间计"等不同形式的谋略。周鲂的儿子是晋朝很有名的周处，少年时便"纵情肆欲，周曲患之"。后来周处得知自己为大众所憎恶，便"改励之志"，为民在南山射杀猛兽，长桥下搏杀水蛟，除二害。自己则改过立新，是除三害。周处自此"励志好学"，在孙吴和晋都曾担任要职，忠勇果敢，后在关中英勇殉职。

# 得不偿失

■ 释　义　所得到的抵不上所失去的。

【出　处】（孙）权遂征夷州，得不补失。

(陈寿《三国志·吴志·陆逊传》)

■ 近义词　得不补失、因小失大
■ 反义词　一本万利

■ 故事背景

孙权不理会陆逊的劝告，一意孤行征伐夷州，结果得不偿失。

黄龙元年（公元229年），陆逊被任命为上大将军，掌管荆州及豫章三郡政务。他虽然领兵在外，但时刻不忘朝廷大事，孙权每有重要事情，都会咨询陆逊的意见。

孙权计划派军夺取夷州和珠崖[1]，向陆逊征询意见。陆逊上书劝阻，认为目前局势仍未安定，应集中民力，先

---

1 夷州和珠崖：夷州，一作夷洲，指中国台湾地区；珠崖，在海南省琼山县东南。

处理当前急务。他说:"国家连年征战,人丁有所损失,陛下也为此事忧虑至废寝忘食。现在要远征夷州,我反复思量,看不出有何好处。劳师动众地到万里之外夺取疆土的风险极大,胜负属未知之数,但士兵水土不服,必然生病。让士兵深入不毛之地,以为会得到好处,可能结果会损失更多。珠崖地势险峻,当地尚未开化,即使得到当地人的归顺也不能帮助我们成就大事。没有那里的兵卒,也不会削弱我们的兵力。

孙权

"江东现有的人力已有图谋大事的能力,只待养精蓄锐便可行动。过去桓王(孙策)创基立业时,兵员不足五百,就开创了大

陆逊

业。如今陛下承蒙上天授命,平定江南,臣听说治乱世伐叛逆,必须凭借兵力之威。农桑衣食则是百姓的本分,然而战争未停,百姓还在忍饥受寒。臣认为,应好好培养士

兵，百姓休养生息，宽减赋税，让他们同心协力，用道义鼓励他们勇敢为国。那么，统一黄河与渭水一带便指日可待。"孙权没有听从陆逊之言，发兵征讨夷州，结果得到的好处不足以补偿损失。

后来辽东公孙渊背弃盟约，孙权欲亲自领兵攻伐。陆逊又上疏劝阻，这回终于采纳了他的意见。

■ 延伸阅读

陆逊，字伯言，出身于吴郡四大家族的陆氏。孙权之所以能与曹操和刘备鼎足，并建立起吴国，经过三场生死存亡的大战役——周瑜和鲁肃等主持的"赤壁之战"、吕蒙与陆逊主持的"荆州之战"、陆逊主持的"夷陵之战"。陆逊在周瑜、鲁肃、吕蒙之后成为孙吴军事的主帅，功劳显赫。

陆逊先后担任军都督、上大将军、丞相等职位，总揽朝政，功劳巨大，深得孙权信赖。但太子登和鲁王两宫相争，陆逊维护太子登，逐渐失去孙权的宠信。孙权也因年迈昏聩，听信谗言，"屡遣中使责备逊"。陆逊在怨愤中去世。

吴郡陆氏一门俊杰，名流辈出。陆逊族兄是陆绩，子陆抗，孙陆机和陆云。

---- 历代例句 ----

故得不酬失，功不半劳。

（南朝宋　范晔《后汉书》卷八十八《西羌传》）

感时嗟事变，所得不偿失。

（宋　苏轼《和子由除日见寄》）

昔人谓看孙过庭《书谱》，如食多骨鱼，得不偿失，以草书难读故也。

（明　徐树丕《识小录·孙过庭》）

# 应权通变

■ 释　义　顺应机宜，采取变通的措施。

【出　处】"诏策亮曰"裴松之注引晋习凿齿《汉晋春秋》："昔孝文卑辞匈奴，先帝优与吴盟，皆应权通变，弘思远益，非匹夫之为忿者也。"

(陈寿《三国志·蜀志·诸葛亮传》)

■ 近义词　随机应变

■ 故事背景

孙权称帝，蜀国群臣欲与吴国断交，诸葛亮反对。

蜀汉建兴七年（公元229年），孙权称帝。蜀国群臣认为孙权称帝名不正言不顺，蜀汉应彰显正义，欲与吴国断绝来往，诸葛亮反对。他认为，孙权有僭越篡逆之心，已非一朝一夕的事，汉朝天子任由他放肆，就是要利用他来制衡北方的曹魏。如果现在蜀吴断交，吴国人势必更加憎恨蜀国人，这样的话，蜀国必须兴兵伐吴，吞并吴国，才能北伐曹魏。然而孙权有许多有才能的人辅佐，文臣武将相处和睦，蜀国不可能在短期内平定孙吴。两军对垒，反而会使北方的曹魏阴谋得逞，这绝不是上策。

诸葛亮说："当年汉孝文帝对匈奴言辞卑屈，先帝（刘备）当日与吴国结盟，都是顺势而行的变通方法，我们应深思熟虑，不能冲动，逞匹夫之勇啊！"

诸葛亮还指出，如今蜀国和魏、吴两国是鼎足而立的局势，东吴以长江为天险自卫，孙权不能越过长江，就像北方魏贼不能渡过汉水一样，除非有充足实力，否则就不会轻言越过这些天险以取得利益。蜀吴两国交恶，若蜀国讨伐曹魏，东吴随时会乘势分一杯羹，以分割曹魏领地为长远之计，也有可能驱掠曹魏百姓，拓宽领土，在国内显扬军威，东吴绝不会坐以待毙。如果迁就东吴而不让他们动用武力，并与蜀国和睦相处，则蜀国北伐时，才无后顾之忧，不用担心东吴乘机攻击我们，令我们腹背受敌。

经诸葛亮分析形势后，蜀吴断交之事暂且搁置，诸葛亮派遣卫尉陈震出使东吴，庆贺孙权称帝。

■ 延伸阅读

高士司马徽对向来求才若渴的刘备推荐了"卧龙"诸葛亮和"凤雏"庞统，并说了一番针对时下所谓人才的话。他说:"儒生俗士,岂识时务,识时务者在乎俊杰。"司马徽、诸葛亮和庞统都是饱学深思之士,是一种追求学为时用的人才。司马徽将儒士与俗士同列,可见他对自命不凡、不识时变、固执偏蔽的腐儒的态度。对这腐儒俗士,古代称为"乡愿",梁启超说过"一为文人则不可观矣",意思也是如此。我们再来看历史上的诸葛亮和庞统,他们的行事和为人都很有原则,但不固执偏蔽,会审时度势,且善于变通。

---- 历代例句 ----

若应权通变,以宁静圣朝,虽赴水火,所不得辞。

(明 罗贯中《三国演义》第七十三回)

# 白屋之士

■ 释　义　指贫寒的士人。

【出　处】　内不恃亲戚之宠，外不骄白屋之士。

（陈寿《三国志·魏志·曹真传》）

■ 故事背景

魏明帝追思曹真，赞扬他不会傲慢轻视贫寒的人。

曹真是曹操的同族侄子，其父亲曹邵在曹操起兵时曾协助招募士兵，后被州郡所杀。曹操怜悯曹真自幼便成孤儿，便收养他并当作亲儿子看待，与曹丕住在一起。

曹真跟随太祖曹操和文帝曹丕征战多年，屡立军功。黄初七年（公元226年），曹丕卧病在床，曹真、陈群和司马懿在床前接受遗诏辅助朝政。曹叡即位为明帝，晋封曹真为邵陵侯，升为大将军。

曹叡即位初期，诸葛亮两度围攻岐山，都被曹真截击。蜀军无功而返，朝廷给曹真增加封邑。太和四年（公元230年）曹真进京，升为大司马，明帝赏他佩剑穿鞋进入宫殿，朝见天子时无须小步快走。曹真建议主动反攻蜀国，兵分几路夹攻，必能大获全胜。明帝听从建议，曹真从长安领军出发时，明帝亲自送行。司马懿亦沿汉水而上，两路兵马约定在南郑会师，其他军队分别由斜谷道和武威进入。可惜碰上大雨连下三十多天，有些栈道被冲断，明帝下诏曹真撤军。

曹真在战场上勇猛杀敌，在战场外则是一位仁义君子。他年轻时，与同族人曹遵、同乡朱赞一起追随曹操，曹遵和朱赞都死得早，曹真痛失好友后，特地请求明帝准许他将部分封邑分给曹遵和朱赞的儿子。明帝特颁下诏书赞扬曹真的仁义作风，并准许曹真分出封邑给曹遵和朱赞的儿子各一百户。此外，曹真每次出征时，都与将士同甘共苦，军中赏赐不够，他就取出自己的家财分发，因此士卒们都乐意为他卖力。后来曹真病倒回到洛阳，明帝亦亲自探望他。

曹真去世后，儿子曹爽继承爵位。明帝追念曹真的功绩，下诏说："大司马忠诚节义，辅助两代先祖，对内不仗恃皇帝的恩宠，对外不轻视慢待贫寒之士，堪称身份富贵而不骄矜，是勤劳谦恭的仁德君子，现在全部封赏他的五个儿子羲、训、则、彦、皑为列侯。"当年文帝赏予曹真二百户封邑，封曹真的弟弟曹彬为列侯。

■ 延伸阅读

曹操初起兵，以至建立魏国，武装的核心人物一直是曹氏和夏侯氏宗族子弟。曹氏子弟中，数曹真最为忠勇，品格高尚，备受曹操、曹丕和曹叡三帝所器重。魏文帝曹丕卧病，曹真与陈群、司马懿受遗诏辅政。曹真死后，曹爽继嗣，明帝对他"宠待有加"，身居要职。到魏明帝去世前，封曹爽为大将军，授他假节钺的权力，都督中外诸军事，与太尉司马懿受诏辅助少主，权倾朝野。但是，曹爽却是曹魏政权衰落的关键人物。曹爽的能力、经历、品格远逊其父，在与深谋远虑的司马懿父子的政治斗争中，根本不是对手。

―――― 历代例句 ――――

周公执贽下白屋之士。

(汉　王充《论衡·语增》)

轻失富贵而重朋友之责,自屈达尊而伸白屋之士。

(宋　陆游《祭刘枢密文》)

是所工也多,故传书甚少;其转徙也艰,故受毁甚易;其为费也不资,故白屋之士不能得书者甚众。

(近代　严复《论八股存亡之关系》)

# 七步成诗

- **释　义**　形容人才思敏捷。

- 【出　处】　又曰:"七步成章,吾犹以为迟。汝能应声而作诗一首否?"

　　　　　　　　　　（明　罗贯中《三国演义》第七十九回）

- **近义词**　七步成章

## ■ 故事背景

　　曹植才思敏捷,通过了曹丕要他七步成诗的考验,其中一句"相煎何太急",批评曹丕手足相残,令曹丕为之羞愧。

　　曹植是曹操第四子,十多岁时已能背诵讲解《诗经》《论语》和辞赋数十万字。他出口成章、下笔成文,深得曹操疼爱,曹操还曾欲立他为世子。可惜曹植做事率性而为、好饮酒、结朋党,这让曹操有所顾虑,最终立曹丕为世子。

　　曹丕一直嫉妒曹植的才华,更怀恨曹植曾与他争世子之位。登帝位后随即诛杀曹植的党羽丁仪、丁廙和他们家中的男丁。曹植和诸侯都回到自己的封邑，实同软禁。其后曹丕一再暗中指使朝臣借故弹劾曹植，曹植数度被贬或迁徙封地，令他郁郁寡欢。

有一次，曹丕故意刁难曹植，要他以兄弟为题材，在七步的时间内作诗一首。曹植应声吟诵出讽刺骨肉相残的七步诗："煮豆持作羹，漉菽以为汁；萁在釜下燃，豆在釜中泣；本自同根生，相煎何太急？"（现今流行的是："煮豆燃豆萁，豆在釜中泣。本是同根生，相煎何太急？"）文帝听后面有愧色，终于放过曹植。

太和六年（公元232年），曹植去世，遗言嘱令家人薄葬。

■ 延伸阅读

曹丕和曹植是同母兄弟，曹丕也不是长子。长子曹昂在征伐南阳张绣时，为救父亲曹操而遇害。此后，曹操一直为选曹丕还是曹植嗣位而反复不定。在相当长的时间内，曹操倾向于选择曹植，这令曹丕备感压力。曹植率性情真，屡令曹操失望；而曹丕矫情自饰，懂得在曹操面前争取。最后曹操选立曹丕为世子。情形也可能如曹植自己所说，不愿重蹈袁绍两子争嗣而致覆灭的覆辙，不欲与曹丕竞争。用更深一层去理解，在曹操心目中，前期偏向选择曹植，后期决定选择曹丕，其中转变的关键，是曹操从他们对待汉室的态度考量的。曹植内心一直要维持汉室，而曹操诸子中，只有曹丕有颠覆汉室之意，这正合后来曹操篡汉的想法。曹操死后不到一年，曹丕就篡汉立魏。做了皇帝的曹丕，对曹植极为忌恨，欲除之而后快。曹丕不仅忌恨曹植，对其他兄弟也不遗余力地打击。这正是曹丕要曹植七步成诗，而曹植有"相煎何太急"之句的背景。曹魏自曹丕起，一直苛待宗室，这也是曹魏走向衰亡的原因之一。

## 历代例句

文帝（曹丕）尝令东阿王（丕弟曹植）七步中作诗，不成者行大法，应声便为诗曰："煮豆持作羹，漉菽以为汁；萁在釜下燃，豆在釜中泣；本是同根生，相煎何太急。"帝深有惭色。

(魏晋南北朝 《世说新语·文学》)

休道是七步成章。

(明 高明《琵琶记·杏园春宴》)

所谓"耳治""口治""目治"这诵读教学三部曲，日渐纯熟，则古人的"一目十行""七步成诗"，并非难事。

(近代 朱自清《诵读教学》)

# 出类拔萃

- 释　义　形容高出同类之上。

【出　处】　时新丧元帅，远近危悚。（琬）出类拔萃，处群僚之右。

(陈寿《三国志·蜀志·蒋琬传》)

- 近义词　卓尔不群、出类超群
- 反义词　碌碌无为、才疏学浅

## ■ 故事背景

蒋琬年少时好学不倦、聪敏过人，二十多岁时已跟随刘备入蜀。诸葛亮非常器重他，视他为自己的接班人，可以一同辅助君王完成统一大业。诸葛亮曾在给刘禅的密表中说："臣如有不幸，后事可以托付给蒋琬。"

建兴十二年（公元234年），诸葛亮病逝，蒋琬接替重任，总理尚书台事务。当时由于诸葛亮刚刚去世，朝廷和百姓都人心惶惶，只有蒋琬不同于众人，表现在百官之上。他脸上既无忧戚表情，也无欢愉的神色，行为举止与平日无异，由此众人渐渐佩服他。延熙元年（公元238

年），刘禅命蒋琬整治军队，屯驻汉中，伺机伐魏。蒋琬在汉中与吴国夹击魏国，六年来魏军不敢来犯。

蒋琬为人公私分明、心胸开阔。他的下属杨戏对他不理不睬；杨敏曾经讥笑他糊涂，他都没有怀恨在心。后来杨敏因事受牵连下狱，众人以为蒋琬会借机处死杨敏，但他秉公办理，没有落井下石。蒋琬为人就是如此通达雅量，因而备受众人尊敬。

蒋琬

■ 延伸阅读

诸葛亮在五丈原病重，蜀后主刘禅遣使省问。诸葛亮病已入膏肓。使者问诸葛亮，他百年之后，谁可继任？诸葛亮回答是蒋琬；再问，蒋琬之后，谁可继任？回答是费祎；再问，之后是谁？诸葛亮不再回答。这段记载很有意思。诸葛亮死后，蒋琬主政。蒋琬死后，由费祎主政。费祎不幸死于非命，由董允继任主政。董允也是诸葛亮在《前出师表》中极力向刘禅推荐的"良实"而"志虑忠纯"

的贤臣。这三人均不负诸葛亮的赏识,主政期间,正如陈寿评论他们几人的,"咸承诸葛亮之成规,因循而不革,是以边境无虞,邦家和一"。不要与魏国相比,比之吴国,蜀国偏隅四塞的一州,人才不易得。幸得诸葛亮的精心培养,一批文臣武将才能支撑后来的内外局面。所以蜀人称诸葛亮及以下三人为"四相",或誉为"四英"。比较三国时各国的治理,"四英"时期的刘蜀最为清明。

---

###### 历代例句

陈表将家支庶,而与胄子名人比翼齐衡,拔萃出类,不亦美乎!

(陈寿《三国志·吴志·程普黄盖传》)

曾不能拔萃出群,扬芳飞文。

(南朝宋 范晔《后汉书·蔡邕传》)

夫宇宙绵邈,黎献纷杂,拔萃出类,智术而已。

(南朝梁 刘勰《文心雕龙·序志》)

于时,旧儒多已凋亡,惟信都刘士元、河间刘光伯拔萃出类,学通南北,博极古今,后生钻仰。

(唐　李延寿《北史·儒林传序》)

# 鞠躬尽瘁

- **释　义**　尽忠职守，竭尽心力。

【出　处】　注引张俨《默记》引亮出师表：凡事如是，难可逆见，臣鞠躬尽力，死而后已，至于成败利钝，非臣之明所能逆睹也。

（陈寿《三国志·蜀志·诸葛亮传》）

- **反义词**　拈轻怕重

## ■ 故事背景

诸葛亮少有大志，常以春秋战国时的杰出政治家管仲、乐毅自比。他隐居于南阳隆中时，有感于刘备三顾茅庐，礼贤下士，决定终身辅助刘备同谋大业。

建安十三年（公元208年），吴、蜀两军于赤壁与曹军大战，将不善水战的曹军打了个落花流水。曹操大败北返，孙权和刘备各自占据部分荆州，奠定了魏、蜀、吴天下三分之局。

然而，刘备与孙权为争夺荆州决裂。章武元年（公元221年），刘备以为关羽报仇为名攻打东吴，结果在夷陵之战大败，刘备一病不起，临终托孤，希望诸葛亮辅助继位的刘禅。

虽然后主刘禅庸碌无能，但诸葛亮受命于刘备的重托，仍然竭忠尽智，

诸葛亮雕像

全力辅助后主。他事事亲力亲为，对内修明法度、任用贤能、崇俭抑奢；对外则南征北伐，平定了蜀汉南方乱事。诸葛亮深知，面对北方强曹，绝不能坐以待毙，只有主动出击，才有一线生机。

在第一次北伐前，诸葛亮上表后主，劝后主虚心纳谏，重用贤臣，专心治理国家。第一次北伐失败，诸葛亮只好再待时机。

过了几年，诸葛亮又决定北伐，被群臣反对，于是又上奏表。他提醒后主，征伐曹贼，是先帝刘备遗志。并痛陈六大理由，质疑反对声音，更向后主表明心迹，他自跟随先帝以来，每时每刻都以辅助先帝为己任。接受先帝托付后，他一直夜不能眠，食不知味，一心只想着怎样达成先帝遗志。最后，他说："事情成败，很难预料，但臣一定会鞠躬尽瘁，死而后已。"

虽然这次北伐又告失败，但诸葛亮仍不气馁，一旦等到机会成熟，便再度出击。建兴十二年（公元234年），诸葛亮第五次领兵北伐，终于积劳成疾，于五丈原病逝。终其一生，尽心竭力地为蜀国献出一切，直到逝世为止。

■ 延伸阅读

三国时代，屈于一隅之地的蜀汉丞相诸葛亮，不仅被视为一代名相，而且正如唐代大诗人杜甫赞颂的，诸葛亮是"名垂千古"的历史人物。不仅在中国，在外国尤其是东亚国家，诸葛亮也是最受崇敬的。

以日本为例，自明治维新以来，诸葛亮的《出师表》，就被选作中学汉文教科书中的课文；小学日文课文中也有《三顾茅庐》的课文。日本著名文学家土井晚翠撰写的《星落秋风五丈原》，以悲壮的格调歌咏诸葛亮的一生，也被选入日本中学课文中。中外对诸葛亮的赞颂很多，主要集中在两方面：一是对"绝智的军师"的崇拜，二是对诸葛亮可昭日月的忠诚的尊敬。在《前出师表》中，诸葛亮表白的"鞠躬尽瘁"这句成语，自此也成为后世人表达"至诚"和"决心"的最佳用语。

# 画饼充饥

- **释　义**　用画的饼来解饿，比喻借空想来安慰自己。后以"画饼充饥"比喻徒有虚名而无实惠。

【出　处】　选举莫取有名，名如画地作饼，不可啖也。

（陈寿《三国志·魏志·卢毓传》）

- **近义词**　望梅止渴

## ■ 故事背景

魏明帝与卢毓讨论选拔人才之道。

卢毓十岁父母双亡，后来两个哥哥也死于非命，他便担起照顾寡嫂和侄儿的责任，大家都赞他德才兼备。他的博学多才和敢言直谏备受曹操、曹丕和曹叡祖孙三代赏识。明帝曹叡任命卢毓为吏部尚书时就称赞他秉性忠贞、正直仁厚，是一位尽忠职守的贤臣。

明帝又命卢毓挑选一个像他一样能干的人来接替他原来的职务。卢毓最初挑选了常侍郑冲。明帝说："郑文和（郑冲），我了解他，你给我推荐一个我不认识的人。"于是卢毓推荐了阮武、孙邕，明帝选用了孙邕。

明帝讨厌诸葛诞、邓飏等人沽名钓誉、联群结党，便免去他们的官职，要大臣推选一人做中书郎，还说："能否挑选到适合的人，全仗卢毓了。选拔人才不要只选择有名气的人，名气不过像画在地上的饼一样，中看不中吃，还要看他是否正直务实。"卢毓认为，古人会让下属陈述自己的治绩，再考核其表现，但现在考核制度已荒废，决定一个人的升降全赖时人对他的毁誉，真假难辨。现在虽不能依靠名气罗致奇才，但能够找到可造之才，只要加以培养，再按常规安排他们的职务，从中监察他们的表现，自可找到治世之才。明帝听后，采纳了卢毓的意见，下诏制定考核官吏的办法。

■ 延伸阅读

明帝采纳卢毓的建议，有政治上的考虑。明帝屡次打击"浮华"，并对他视为浮华的诸葛诞、邓飏和夏侯玄等，皆免官禁锢。其实在明帝眼中，这是延续汉末以来"共相题表"的"朋党"势力。明帝其实是继承祖父曹操打击"阿党比周"政策。

## 历代例句

圣人知道德有不可为之时，礼义有不可施之时，刑名有不可威之时，由是济之以权也。其或不可为而为，则礼义如画饼充饥矣。

（唐　冯用之《权论》）

说梅止渴，稍苏奔竞之心；画饼充饥，少谢腾骧之志。

（宋　李清照《打马赋》）

官人今日见一文也无，提甚三五两银子，正是教俺望梅止渴，画饼充饥。

（明　施耐庵《水浒传》第五十一回）

谈玄说妙，譬如画饼充饥。

（明　居顶《续传灯录·行瑛禅师》）

# 老生常谈

- **释　义**　老书生经常讲的话，比喻没有新意的老话。

【出　处】（邓）扬曰："此老生之常谭（谈）。"

（陈寿《三国志·魏志·管辂传》）

- **近义词**　陈词滥调
- **反义词**　别具匠心

## ■ 故事背景

管辂预言何晏将大祸临头。

管辂精通《周易》、天文术数，认识他的贤士都仰慕他。安平人赵孔曜与他交情深厚，将他引荐给冀州刺史裴徽。裴徽见过管辂后也大加赞赏，于是将他推荐给冀州裴使君。裴使君任管辂为治中、别驾。

正始九年（公元248年），裴徽举荐管辂为秀才。管辂与裴使君告辞时，裴使君提醒他，何晏和邓扬两位尚书都有管理国家的经纬之才，对事物理解精辟，何尚书更是精明细致，说话巧妙，明察秋毫，嘱咐他要谨慎提防。

十二月二十八日，何晏宴请管辂，当时邓飏也在座。何晏要管辂为他卜一卦，看他能否位至三公，何晏说："最近接连梦见青蝇数十只，飞到鼻子上，驱之不去，是什么意思？"管辂解释："你位高权重，威如雷电，可惜怀念你恩德的人

管辂

少，害怕你的人多，恐怕不是好事啊！鼻子为天中，越挺拔越能长守富贵。青蝇喜欢恶臭，如今集中在你的鼻子之上，恐怕并非好事。"管辂又说，"希望你谦惠慈和，不要做有违礼义的事，对上追思周文王的八卦的含义，对下则追思孔子对卦象的解释，这样做的话，三公之位便可达到，青蝇也就不翼而飞了。"邓飏听了这话后不以为意地说："这不过是老书生的陈腔滥调，毫无新意！"管辂回答道："我这个老书生看见了不能生存的人，而经常谈的事情却能发现别人不能再谈。"隐晦地预言他们再不知收敛必大难将至。何晏听后心里也不大高兴，便说："过年后再见吧。"

管辂回到家把预言说给舅舅听，他的舅舅吓得不得

了,骂他出言不慎。管辂说:"与死人讲话,又有什么要怕的?"舅舅大骂他胡说八道。过年后,西北方突然刮起大风,尘埃蔽天,十多日后,据闻何晏和邓扬被杀,管辂的舅舅才服了。

■ 延伸阅读

"老生常谈"一词现在总带点贬义,有"落伍""老套"等意味。如果从人生道理去说,老一辈有人生经历,见世面多,一些看似老生常谈的话,常常是有慧识的道理。如"家中有一老,如同有一宝"这一谚语,正是表示老一辈拥有更多的阅历和经验,积累了人生的道理和智慧。

—————— 历代例句 ——————

若乃前事已往,后来追证,课彼虚说,成此游词,多见其老生常谈,徒烦翰墨者矣。

(唐 刘知几《史通·书志》)

风生群口方出奇,老生常谈幸听之。

(宋 黄庭坚《流民叹》诗)

这一首词,也是老生常谈。

(清 吴敬梓《儒林外史》第一回)

我懒得应酬,说来说去,全是听腻了的老生常谈。

(近代 夏衍《心防》第二幕)

# 路人皆知

■ **释 义**　指某些人的不良用心为人所共知。

【出　处】"高贵乡公卒"裴松之注引晋习凿齿《汉晋春秋》："帝见威权日去，不胜其忿。乃召侍中王沈、尚书王经、散骑常侍王业，谓曰：'司马昭之心，路人所知也。吾不能坐受废辱，今日当与卿等自出讨之。'"

（陈寿《三国志·魏志·高贵乡公髦传》）

■ **近义词**　家喻户晓、人所共知
■ **反义词**　秘而不宣

■ **故事背景**

曹髦登帝位后，逐渐不满司马昭专权，欲诛杀司马昭，事败反而被杀。

曹髦是魏文帝曹丕的孙子，获封为高贵乡公。他自幼好学，才思敏捷。

嘉平五年（公元253年），司马师废掉齐王曹芳的皇位后，改立只有十二岁的曹髦为帝。虽然贵为皇帝，但实权掌握在司马师和司马昭手中。随着年龄渐长,曹髦对司马昭的指鹿为马、把弄朝政的专横行为日益不满。

甘露四年(公元259年),多个县的水井中相继有青龙、黄龙出现,人们都认为是吉兆,但曹髦却认为龙代表君主的德行,如今上不到天,下不到地,被困在水井中,并非好兆头,便写下《潜龙诗》自嘲,却因此令司马昭起了戒心。

司马昭

翌年,曹髦忍无可忍,决定铲除司马昭。他召来朝臣王沈、王经和王业,对他们说:"司马昭篡权之心,会走路的人都看得到,我不能任由他罢黜和羞辱,今天就与你们一起去讨伐他。"王经认为司马家在朝野已树立了相当的势力,曹髦万一失败,就会更加危险,应慎重考虑。但曹髦认为与其坐以待毙,不如速战速决。

不料,曹髦入宫向太后报告时,王沈和王业跑去向司马昭告密,让司马昭有时间做好防备。曹髦带领几百人采取行动时,司马昭已派兵入宫镇压。曹髦在东边的止车门遇到司马昭的弟弟司马伷,他的部下大声呵斥对方,司马胄与部众逃走。曹髦又在南宫门遇上贾充。曹髦握剑在手,贾充部众本想逃走,但成济问贾充应怎样做,贾充大喝:"养兵千日,用在一朝,现在应怎样做,还需再问?"成济立即冲前一剑刺向曹髦,剑刃从曹髦的背后而出,曹髦当场死去。

■ 延伸阅读

曹髦此举在中国历代帝王中很少见,很有戏剧性,也很悲壮。司马氏家族对曹氏家族的诡诈横暴,更甚于曹氏之对刘氏皇室。司马昭因太后的坚持而废齐王曹芳迎立曹髦。曹髦继位后,从他入京开始表现出谦逊和诚惶诚恐来看,并非性情急躁之人。曹髦又遗传了曹家的天赋,"少好学,夙成"。司马昭曾询问钟会,曹髦是一个什么样的人主?钟会回答说:"才同陈思(曹植),武类太祖(曹操)。"司马昭听了回答说:"若如卿言,社稷之福也。"司马昭这番话,自然是言不由衷,反增加了司马昭的戒心。司马氏篡曹魏的野心,真是路人皆见。奉司马昭心意而篡杀曹髦的主谋是贾充。贾家不仅关系曹魏政局的衰败,与日后西晋的政局更有千丝万缕的关系。比如,凶险万状、影响西晋衰亡的"八王之乱",便与贾充的女儿惠王后乱政有关。魏晋时期没能开创出大一统盛世,反陷中国于长期分裂中,从某种意义上看,司马氏难辞其咎。

———————— 历代例句 ————————

尾大末强,路人皆知,不敢声扬,公独奋笔。

(清　黄宗羲《御史余公墓志铭》)


秦桧之恶,路人皆知。

(清　夏敬渠《野叟曝言》第七十二回)

# 胆大如斗

■ 释　义　胆子像斗一样大，形容人的胆子极大。

【出　处】"维妻子皆伏诛"，南朝宋裴松之注：《世语》曰：'维死时见剖，胆如斗大。'"

（陈寿《三国志·蜀志·姜维传》）

■ 近义词　胆大包天
■ 反义词　胆小如鼠

■ 故事背景

蜀将姜维欲借魏将钟会反叛曹魏，让自己有机会复兴蜀国，可惜事败。

姜维原为魏国将领，投降蜀国后受到诸葛亮的重用。诸葛亮、费祎先后逝世后，姜维开始掌领蜀国军权，多次发动对曹魏的北伐。

景耀六年（公元263年），魏将邓艾攻打蜀国，在绵竹击败诸葛瞻。蜀后主刘禅投降，邓艾进驻成都。由于当时消息混乱，有说刘禅会死守成都，有说他打算东往吴国，还有说他要南往建宁。姜维唯有退兵到广汉郪县一带，打探虚实。但不久收到刘禅投降的诏令，姜维等无奈放下武器、卸下铠甲，率领蜀兵往钟会的军营中投降，蜀国将士愤怒得拔刀斩石以泄心头怒火。

姜维虽然投降钟会，但一直希望复兴蜀国，当他发觉钟会有谋反魏国、在蜀地自立为王的意图，便挑拨钟会杀害魏国将士。

姜维

钟会一方面陷害邓艾，令邓艾被监押送往京城；另一方面带着姜维等人到成都，自称益州牧，钟会还拨出五万兵马给姜维。魏兵群起反抗，将姜维、钟会杀死，姜维的妻子儿女也一并遇害。据说，愤怒的魏兵将姜维的尸首剖开来泄愤，发现姜维的胆大得像斗一样。

■ 延伸阅读

姜维是蜀汉后期军事的支柱，最后死得也很悲壮。虽然人们当时和日后对姜维在军事上的冒险行为多有微词，比如陈寿就曾说他"立志功名，而玩众黩旅，明断不周，终至陨毙"，但他同代的人对他还是称赞的多。郤正论评姜维，说："据上将之重，处群臣之右，宅舍弊薄，资财无余，侧室无妾媵之亵，后庭无声之娱，衣服取供，舆马取备，饮食节制，不奢不约，官给费用，随手消尽……如姜维之乐学不倦，清素节约，自一时之仪表也。"姜维未能力挽狂澜，不能全归咎他一个人。蜀汉后期，政局动摇，人心不稳，在边疆独自主持蜀汉军事，实在是独木难支。

至少姜维的一生没有辜负诸葛亮对他的赏识和期望。诸葛亮招纳姜维，说他："忠勤时事，思虑精密。"又说，"敏于军事，既有胆义，深解兵意。此人心存汉室，而才兼于人。"

---历代例句---

有一个(赵子龙)胆大如斗。

(元　关汉卿《单刀会》二)

# 乐不思蜀

- **释 义** 在新环境中得到乐趣，不再想回到原来的环境里。泛指乐而忘返。

- 【出 处】 "后主举家东迁，既至洛阳"，裴松之注引晋习凿齿《汉晋春秋》："司马文王与禅（刘禅）宴，为之作故蜀技，旁人皆为之感怆，而禅喜笑自若……他日，王问禅曰：'颇思蜀否？'禅曰：'此间乐，不思蜀。'"

（陈寿《三国志·蜀志·后主传》）

- **近义词** 流连忘返
- **反义词** 归心似箭

## ■ 故事背景

蜀后主刘禅投降魏国，迁到魏都洛阳居住。他在洛阳耽于逸乐，忘却国亡之恨。

景耀六年（公元263年）夏，魏国大举进兵攻打蜀国，蜀军不敌，后主听从光禄大夫谯周的建议投降。刘禅在降书中说明谕令各军将领抛戈解甲，官府国库一丝不损，百姓在郊野列队，粮食保留在田地上，以待天朝恩赐，希望魏国保存蜀国百姓生命。魏将邓艾收到降书后非常高兴，率兵抵达成都时，刘禅以绳索缚着自己，以车载着棺材到邓艾营前请罪，以示自己犯了死罪，求邓艾杀了他再放进棺材。邓艾为刘禅解开绳索，烧掉棺材，礼貌地请他入营相见。

随后刘禅举家东迁到洛阳，魏元帝册封刘禅为安乐县公，并参照古人规矩，让他拥有封地，永享优厚俸禄。

刘禅在洛阳期间，司马昭宴请刘禅，席间特意安排演出蜀国的歌舞。蜀国旧臣都为刘禅亡国而感到悲伤，反而刘禅看得津津有味，且嬉笑自若，丝毫没有忆念故国之情。有一天，司马昭问刘禅有没有挂念蜀地？刘禅回答道："这里很快乐，我不挂念蜀国。"

随侍刘禅的郤正知道后教导刘禅，日后若司马昭再问起时，应哭泣着回答说："先人都葬在蜀地，我是天天都惦念着。"果然司马昭再次问刘禅时，刘禅真的如郤正所教的话回答。司马昭听后说："怎么那么像郤正的语气？"刘禅大惊，望着司马昭说："你的话没有说错。"引得左右的人都大笑起来。

眼见刘禅这样昏庸无能，耽于逸乐，国破家亡也毫无羞耻之心，难怪司马昭对自己的心腹贾充说："想不到刘禅竟糊涂到如此地步，恐怕即使诸葛亮仍在世，也不能辅助这位少主了。"

■ 延伸阅读

中国历史上有几位著名的偏安的亡国后主。三国时刘蜀的刘禅降于西晋，南北朝时陈后主降亡于隋，五代时南唐李后主降亡于宋。归降后的三位后主命运各不相同，给后世留下的形象也大异。陈后主携二妃藏于胭脂井，被视为天子的风流韵事，而成为戏曲剧目流传后世。李后主除了流传于戏曲剧目之外，他的感怀故国的词作，更使其成为一代文学家。蜀汉的后主刘禅，留下"阿斗"的昏庸之名。无怪乎司马昭对刘禅也有"人之无情，乃可至于此乎？"的感叹！

李后主因有情，终惹来杀身之祸；刘禅的无情，得享"安乐公"的残生。福耶！耻辱耶！与刘备的"枭雄"相比，诸葛亮的"鞠躬尽瘁"，情何以堪？

# 开诚布公

- **释　义**　坦诚相待，公正无私。

【出　处】（诸葛亮）之为相国也，抚百姓，示仪轨，约官职，从权制，开诚心，布公道。

（陈寿《三国志·蜀志·诸葛亮传论》）

- **近义词**　推心置腹
- **反义词**　两面三刀

## 故事背景

诸葛亮为人光明正大，处事公正无私，提拔贤臣，深得群臣称颂。

诸葛亮任丞相时，董厥为丞相府令史，因表现出色而得到诸葛亮的赏识，升任为主簿。诸葛亮去世后，逐渐升至大将军，统领尚书台政事，与诸葛亮儿子诸葛瞻和樊建总理政务。景耀六年（公元263年），魏将邓艾率军侵蜀，诸葛瞻阵亡，蜀国灭亡。第二年，董厥和樊建等到了洛阳，一起担任魏国参军。

咸熙二年（公元265年），魏国权臣司马炎逼迫魏元帝禅让，即位为帝，改国号为晋，自号晋武帝。某天，司马炎问樊建诸葛亮的治国之道，樊建就形容诸葛亮是位有错必改、赏罚分明、从不偏私的人。

人们对诸葛亮的评论是：作为丞相，能够抚慰百姓，明示礼法，精简官员架构，制度会因时制宜而修订，待人以诚，处事公道。对尽忠职守、有益于世的人，即使是仇人也一定奖赏；相反，若有犯事或做事敷衍塞责者，即使是亲属也一定会惩罚，绝不偏私；对待知错能改的人，即使其罪行很重也必定释放；对巧言令色、意图掩饰罪过的人必处死；对好人好事，不会因善小而不奖励；对坏人坏事，不会因事小而不贬斥。他博通古今，治世会从根本上治理，实事求是，不容忍弄虚作假。因此在蜀国境内，臣民都敬爱他；虽然法令严峻，但没有人会怨恨他。能得到百姓爱戴，全因他处事公允。

诸葛亮是懂得治世之道的人，能力足以媲美管仲和萧何。

宝鸡五丈原诸葛亮庙

■ **延伸阅读**

诸葛亮之善于治理，在当时甚至是敌对国家也有很高的评价。后人赞美他是"三代之下第一人"。他的治理方法很突出的一个特点是"开诚心，布公道"。有很多例子都表现了他的这种品质。这不是一种管理的技巧，更多的是一种崇高的品格和修养。"开诚心，布公道"看似简单，其实至难，古今中外，真能做到的没有几人。唐朝诗人杜甫的古诗《咏怀古迹》之五中的"诸葛大名垂宇宙，宗臣遗像肃清高"，正好道出诸葛亮受到历朝历代景仰的原因。

———— 历代例句 ————

集思广益真宰相，开诚布公肝胆倾。
（宋　许月卿《先天集·次韵陈肇芳竿赠李相士》诗）

恭闻明公将旨谕蜀，开诚布公，人心感悦，欢声如雷。
（近代　阳枋《字溪集·上宣谕余樵隐书》）

# 三国人物简介

（按笔画排序）

| | |
|---|---|
| 孔融<br>（153—208） | 字文举，鲁国曲阜（今山东曲阜）人，三国著名的学者和文学家，建安七子之一。孔融是孔子的第二十世孙，家世显赫，天资聪敏。但他志大才疏、好争虚名、不近时务，经常有意顶撞曹操，最后被曹操捏造罪名处死。 |
| 文丑<br>（?—200） | 是袁绍手下的猛将，以骁勇著称，与颜良齐名。孔融劝谏曹操要提防他；荀彧却认为文丑是有勇无谋，一战即可击破。官渡决战中，文丑为主帅追击曹操。后被曹军的运粮车队诱至延津，最终被伏兵杀死。 |
| 太史慈<br>（生卒年不详） | 字子义，东莱黄县（今山东龙口）人，擅骑射。太史慈为东汉末北海国太守孔融的客将时，曾游说刘备解救遭黄巾军围困的孔融，后改投扬州刺史刘繇未受重用，最后与孙策对垒下惺惺相惜，成为其麾下最倚重的大将之一。孙权在位后，任他管治南方，于赤壁之战前病逝，死时仅四十一岁。 |
| 司马昭<br>（211—265） | 字子上，河内温县（今河南焦作）人，三国曹魏政权的权臣，西晋王朝的奠基人之一。司马昭具有谋略，武功极强，尤以派兵灭蜀，打破三国鼎峙为人所熟悉。令司马昭背负历史恶名的是他的手下动手弑杀皇帝曹髦。 |

| | |
|---|---|
| 司马懿<br>（179—251） | 字仲达，河内温县（今河南焦作）人，三国曹魏政权的政治家，西晋立国的奠基者，曾抵御蜀汉诸葛亮的北伐，擒斩孟达与平定辽东公孙渊。其子司马师、司马昭先后为曹魏政权的权臣。最后司马懿发动政变诛杀曹爽，自此曹魏大权旁入司马氏手中。 |
| 吕布<br>（？—199） | 字奉先，五原郡九原（今内蒙古包头西）人，武艺高强、弓马娴熟，被誉为是"马中有赤兔，人中有吕布"的才貌双全的武将。但他生性反复无常，无远识也无定见，叛杀丁原、董卓等主，最后因部下背叛而被曹操擒获处死。 |
| 何晏<br>（190—249） | 字平叔，南阳宛县（今河南南阳）人，三国著名玄学家，开创魏晋玄学的先河。曹操收他为养子，更成为女婿。曹芳继位时，曹爽辅政，何晏任吏部尚书。不久，司马懿发动政变灭曹爽，何晏因清谈得罪司马师，诬陷其为党羽被杀。 |
| 吕蒙<br>（178—220） | 字子明，汝南富陂（今安徽阜南）人。吕蒙是一名有出色智谋的良将。他是继周瑜和鲁肃之后，监督东吴军事的统帅。他最出名的军事行动是策划袭杀了关羽，夺取了蜀汉荆州三郡。 |
| 来敏<br>（165—261） | 字敬达，义阳新野（今河南新野）人，出身于南阳名门望族。东汉末年，来敏投靠益州刘璋，在蜀汉担任官职，后因不满诸葛亮提拔后进，向群臣口出怨言。诸葛亮上表请刘禅撤去他的职位。 |

| | |
|---|---|
| 周瑜<br>（175—210） | 字公瑾，庐江舒县（今安徽舒城）人，相貌英俊、精通音律、文武全才，妻子为小乔。他与孙策是总角之交，为吴国建功立业的重要人物。他也是出色的军事家和政治家，懂谋略、会打仗。在中国军事史上著名的赤壁之战中，以少胜多击败曹操。 |
| 周鲂<br>（生卒年不详） | 字子鱼，东吴鄱阳太守，阳羡（今江苏宜兴）人，赏罚分明，恩威并施，谲略多奇。他曾断发诈降曹休、击斩彭式、生擒彭绮、诱杀董嗣，安定数郡。在石亭之战中，周鲂协助陆逊大败曹休，后加授为裨将军，封关内侯。 |
| 孟获<br>（生卒年不详） | 建宁郡（今云南曲靖）人。孟获是南中豪强，被益州郡大族雍闿招揽，并命令他连同其他夷部趁刘备逝世而造反。公元225年，雍闿被高定部曲所杀，孟获收集雍闿残部对抗诸葛亮的讨伐。诸葛亮七纵七擒孟获，最终令其折服而归顺蜀汉。 |
| 郤正<br>（?—278） | 本名郤纂，字令先，河南偃师（今河南偃师）人，蜀汉官员，文采出众，与宦官黄皓和平共处。公元263年，刘禅降魏，郤正跟随刘禅移居洛阳，指导刘禅对答得体，包括司马昭在宴会弹奏蜀汉音乐测试刘禅有否异心。 |
| 姜维<br>（202—264） | 字伯约，天水冀县（今甘肃天水）人。姜维原为曹魏天水中郎将，后降蜀汉，深得诸葛亮器重，后渐渐掌握军政大权。他先后十一次北伐曹魏，却以徒劳无功收场，在魏灭蜀之战中见证蜀国灭亡。后降钟会，他打算利用其野心复国，惜事败，与钟会同日死于乱军之中，终年六十二岁。 |

| | |
|---|---|
| 荀攸<br>（157—214） | 字公达，颍川颍阴县（今河南许昌）人，荀彧之侄。他与荀彧一起为曹操效力，随曹操出征，擅长临阵决机，常在战场上献计以奇谋制胜，充分发挥军师角色。曹操称他做人低调，大智若愚。其后病死在讨伐孙权的征途上，享年五十八岁。 |
| 荀彧<br>（163—212） | 字文若，颍川颍阴县（今河南许昌）人，东汉末年曹操麾下首席谋士，智谋德兼备，年少有才名，南阳名士何颙曾赞其为"王佐之才"。公元191年，由袁绍帐下转投曹操，在数个关键时刻，如打吕布、战袁绍等，凭才智扭转乾坤，并且推荐了不少人才，增强曹操实力。曹操盛赞荀彧："吾之子房（张良）也。"荀彧深得曹操信任，官至侍中兼尚书令，后来，因不赞同曹操晋爵魏国公，遂令曹操不满，被派到谯慰劳军队，因病留在扬州寿春，忧郁而死，享年五十岁，后追赠为太尉，谥曰敬侯。 |
| 袁绍<br>（154—202） | 字本初，汝南汝阳县（今河南商水）人，出身于名门士族，再凭借豪杰、游侠的身份，拥有冀州、幽州、青州及并州等四州，称雄北方，一度成为实力最强的群雄之一。公元200年，与曹操在官渡之战中惨败，不久便病逝。 |
| 袁术<br>（155—199） | 字公路，汝南汝阳县（今河南商水）人，家世显赫，汝南袁氏四世三公，与袁绍是兄弟，是东汉末年雄踞淮南的群雄之一。他因称帝而成众矢之的，被各地方群雄围攻，最终失败，悲愤吐血而死。 |
| 袁谭<br>（？—205） | 字显思，汝南汝阳县（今河南商水）人，袁绍的长子。袁绍未定继承权，不久在官渡之战后病死。袁谭与袁尚相互阋墙，曹操坐收渔人之利，先打败袁尚，后进击袁谭，袁谭出逃被追兵斩杀。 |

| | |
|---|---|
| 孙桓<br>（198—223） | 字叔武，吴郡富春（今浙江杭州富阳）人，是孙权的子侄，博闻强识。他仪容端正、器宇轩昂。孙权常称他为宗室的颜渊（孔夫子得意学生）。在夷陵之战有战功，孙桓被封为将军，不料早逝。 |
| 孙坚<br>（155—191） | 字文台，吴郡富春（今浙江杭州富阳）人，东吴奠基者孙策和建国者孙权的父亲，出身低微，富于胆识，勇于任事。孙坚任长沙太守时，讨平区星及桂阳、零陵的周朝、郭石等，逼荆州刺史王叡自杀。后投靠袁术，他被上表为破虏将军。他在讨伐董卓期间出力最多，诸如杀华雄、击败吕布，董卓被迫求和，且迁都长安等。可惜在攻打刘表时因冒进被黄祖部下放暗箭而死，年仅三十八岁。 |
| 孙策<br>（175—200） | 字伯符，吴郡富春（今浙江杭州富阳）人，孙坚的长子、东吴建国者孙权的长兄，东吴的开拓者和奠基者。短短数年间他扫荡江东各地方势力，占领江东六郡。他与周瑜是总角之交，喜好修饰外表，善于谈笑，性格豁达开朗，乐于接受意见，又善于用人。公元200年，他遇刺身亡，死前以予二弟孙权继承基业，授予兵符配以印绶执掌江东，被追谥为长沙桓王。 |
| 孙辅<br>（生卒年不详） | 字国仪，孙坚兄孙羌次子，孙策和孙权的堂兄，吴郡富春（今浙江杭州富阳）人。他跟随孙策征伐江东，平定三郡、讨丹阳及陵阳，在袭取庐江太守刘勋时，总是身先士卒。孙策任命其为庐陵太守，后来升任平南将军，假节兼任交州刺史。后来，孙辅担心孙权无力守护江东，派遣使者与曹操暗中来往。事情泄露后，孙权将他软禁起来，数年后去世。儿子兴、昭、伟、昕等均获官职。 |

| | |
|---|---|
| 孙权<br>（182—252） | 字仲谋，吴郡富春（今浙江杭州富阳）人，三国时期东吴的开创君主。他承袭父亲孙坚、兄长孙策的基业，持续经营江东。他选贤任能，且安抚江东世家及南来的士人，对外更击败曹操、刘备，令东吴由五郡变成三大州。 |
| 马谡<br>（190—228） | 字幼常，襄阳宜城（今湖北宜城）人，三国时期蜀汉参军，被诸葛亮器重。诸葛亮接纳马谡计谋平定孟获。刘备临死前叮嘱诸葛亮谓马谡言过其实，诸葛亮不在意，后果因街亭之败不听从调遣，令诸葛亮北伐功败垂成。一说被诸葛亮处死，另说死于狱中。 |
| 徐邈<br>（171—249） | 字景山，燕国蓟县（今北京附近）人。三国时期，徐邈曾任尚书郎、凉州刺史、大司农及司隶校尉等要职，成绩卓著，尤其管治凉州最为出色，是曹魏重臣。在蜀汉诸葛亮北伐时，南安等三郡叛魏，徐邈派兵讨平南安城。徐邈爱将如子，赏赐分发部下，节俭非常，最后以光禄大夫逝世，享寿七十八岁。 |
| 曹丕<br>（187—226） | 字子桓，沛国谯县（今安徽亳州）人，曹操的嫡长子。曹丕继承父亲的魏王封号与丞相的权位，篡汉而建立魏国，称魏文帝。他亦是著名的文学家，与父曹操、弟曹植被誉为"三曹"，也是"建安文学"领袖人物。 |

| | |
|---|---|
| 曹芳<br>（232—274） | 字兰卿，出生地不详，三国时代曹魏第三任皇帝，魏明帝曹叡的养子。曹叡立其为太子，八岁即帝位。他是首位傀儡皇帝，曹爽、司马懿和司马师先后掌握实权。公元254年，司马师以皇太后令废黜曹芳。公元274年，曹芳病逝，终年四十三岁，谥号厉。 |
| 曹真<br>（？—231） | 字子丹，沛国谯县（今安徽亳州）人，汉末三国时代曹魏名将，曹操族子、曹丕托孤之臣之一。曹真愿与将士们同甘共苦，屡将家产贴用，令士卒愿意效劳；多次成功抵御蜀国进攻，功勋赫赫，令诸葛亮北伐无功而回；曾征伐东吴并平定凉州叛乱。明帝探望生病的他，下诏赞扬他不因自己是皇室特宠而骄，也不鄙视贫寒之士。后病死洛阳，谥元侯。 |
| 曹爽<br>（？—249） | 字昭伯，沛国谯县（今安徽亳州）人，是曹魏政权落入司马氏的关键人物。魏明帝曹叡临终前，托交年幼曹芳予曹爽和司马懿。司马懿发动政变诛杀曹爽，三位皇帝（曹芳、曹髦、曹奂）都成为司马氏的傀儡，魏国名存实亡。最后由司马懿的孙子司马炎篡魏。 |
| 曹植<br>（192—232） | 字子建，沛国谯县（今安徽亳州）人，曹操第四子，三国曹魏的著名诗人，文学成就备受推崇，建安文学的领军人物之一。后世将他与其父曹操、其兄曹丕合称"三曹"。著名文学家谢灵运评价他文学上的才华是：在一石中便占了八斗。曹植有不少传颂千古的文学名篇。后因被曹丕、曹叡猜忌，终以四十一岁病逝。 |

| | |
|---|---|
| 曹髦<br>（241—260） | 字彦士，是三国曹魏政权第四个皇帝，年幼时十分好学，聪明早熟。然而，国家大权被司马师、司马昭所操控。长大后，他率领宫内三百多兵马征伐司马昭，却被司马昭手下成济杀死，死时年仅二十岁。 |
| 曹叡<br>（204—239） | 曹叡，字元仲，沛国谯县（今安徽亳州）人，三国时代曹魏第三任皇帝。他用人得当，抵御了蜀汉诸葛亮五次攻击，擒杀辽东公孙渊，却纵欲无度，大兴宫室，命曹爽和司马懿为辅命大臣，导致曹爽终被司马懿所杀。 |
| 曹操<br>（155—220） | 字孟德，小字阿瞒，沛国谯县（今安徽亳州）人，是三国时代最关键的人物之一，集政治家、军事家、文学家于一身。两千多年以来，历史对其功过是非讨论很多，曹操在中国历史上是出色的领袖，也是颇具争议的历史人物。 |
| 许汜<br>（生卒年不详） | 襄阳人，东汉末年名士，是吕布帐下的谋士，有国士之名，但虚有其表而无实学。公元194年，他在曹操手下任从事中郎，与陈宫等人背叛曹操而迎吕布为兖州牧。吕布败亡之后，前往荆州投靠刘表，曾与刘表、刘备共议天下名士，许汜不以为然说陈登骄狂，刘备反驳许汜，指其不理解陈登宏大志向。 |
| 张郃<br>（？—231） | 字俊义，河间郡鄚（今河北任丘）人。张郃是三国著名的战将，骁勇善战，能率将领兵，为曹军"五子良将"。张郃在街亭曾打败蜀汉名将马谡，更是迎战诸葛亮几次北伐的主将。 |

| | |
|---|---|
| 张飞<br>（167—221） | 字益德，涿郡涿县（今河北涿州）人，三国时期蜀汉政权的猛将，与关羽并称万人敌。他把关羽当作兄长看待，两人跟随刘备四处征伐。在当阳长坂张飞一夫当关抵挡曹操大军追击，足见他的勇猛，可惜后被部下所杀。 |
| 张昭<br>（156—236） | 字子布，彭城国彭城（今江苏徐州）人，东吴首位重臣。孙策信重他，让其统率百官。孙策临终将孙权托付给张昭说："如果仲谋不成材，你尽可取他自代，就算大业不成，你带着人马向西边发展，也无所谓。"张昭既为顾命大臣，为人正直，敢于直谏，孙权视之如父，享寿八十一岁。 |
| 张鲁<br>（生卒年不详） | 字公祺，沛国丰县（今江苏丰县）人。张鲁祖孙三代是天师道教主，在巴蜀传授天师道，信众甚多。益州牧刘焉招揽其到麾下，派他攻打汉中，张鲁成功夺取并割据汉中达三十多年，直至公元215年才投降曹操。 |
| 张绣<br>（?—207年） | 武威郡祖厉县（今甘肃白银靖远）人。张绣是东汉末割据南阳的群雄之一。曹操不计其杀子、侄子的前嫌，接纳其投靠。张绣后跟随曹操征讨，立下汗马功劳，最后在北伐外族乌丸时病死于柳城。 |
| 陈珪<br>（生卒年不详） | 字汉瑜，下邳郡淮浦县（今江苏涟水）人，与儿子陈登都是协助曹操先后击灭袁术和吕布的关键人物。陈氏父子皆有胆有识，善于用谋，为曹操削平袁术及吕布，是最成功的反间组合之一。 |

| | |
|---|---|
| 陈登<br>（163—201） | 字元龙，下邳郡（今江苏睢宁）人。陈珪之子。陈家是徐州著名士族，年轻时便担任东阳县长，颇具威望。他支持刘备接替陶谦掌管徐州，后来刘备军被吕布偷袭败走，他连同父亲合力阻止吕布与袁术联婚，并暗结曹操欲驱逐吕布。吕布曾以其三位弟弟作为人质要挟，陈登不为所动，事后加拜伏波将军。三十九岁时因病去世。 |
| 陈琳<br>（?—217） | 字孔璋，广陵射阳（今江苏扬州）人，建安七子之一。东汉灵帝末年，曾任大将军何进主簿，后避难至冀州，入袁绍幕僚。袁绍的军中文书多出自其手，最著名的是《为袁绍檄豫州文》。公元200年，官渡之战，袁绍大败，后为曹军俘获。曹操爱其才，任其为司空军谋祭酒，曹操军队的檄文大多出自陈琳和阮瑀之手。公元217年，染疫疾而亡。 |
| 郭嘉<br>（170—207） | 字奉孝，颍川阳翟（今河南禹州）人。曹操初崛起，他是重要的谋士。在众谋士中，他能洞悉先机、判断敏锐、知己知彼、分析透彻，最为曹操倚重。郭嘉短命，在征伐乌桓后病死，曹操为他的早逝悲伤万分。 |
| 郭图<br>（?—205） | 字公则，颍川（今河南许昌）人，本是冀州牧韩馥的部下，后来成为袁绍倚重的谋士。在官渡之战中被任为都督，屡为袁绍献计，均未能取得成功。因迫走张郃投降曹操，间接地导致袁绍失败。公元205年，郭图和袁谭均被曹操所杀。 |

| | |
|---|---|
| 陆逊<br>（183—245） | 本名陆议，字伯言，吴郡吴县（今江苏苏州）人，是智谋兼备、文武全才的政治家和军事家。出身吴郡陆氏。公元203年，入孙权幕府，因有军事才能受孙权赏识。他是继周瑜、鲁肃及吕蒙之后的大都督。最为人津津乐道的是蜀吴的夷陵之战，他以逆胜顺，打败刘备五万大军。 |
| 淳于琼<br>（140—200） | 字仲简，颍川（今河南禹州）人，袁绍的将领，是官渡之战的关键人物之一。其驻守的乌巢是袁军的粮仓重地，却被曹军烧尽，自己亦被曹军所杀。袁军内讧，个别谋士和将领投降曹操。袁绍自此无力再抗衡曹操。 |
| 董卓<br>（?—192） | 字仲颖，陇西郡临洮（今甘肃岷县）人。汉胡混血，年轻时以健侠知名，屡在边疆镇胡建功，官至并州牧。趁何进诛杀宦官之际，召其进军洛阳，何进被宦官所杀，中央权力出现真空，董卓掌握了军政大权。废少帝立献帝，推行暴政，败坏朝纲，造成天下大乱，开启了三国时代的帷幕。司徒王允设反间计，挑拨董卓的大将吕布杀死董卓。 |
| 赵咨<br>（生卒年不详） | 字德度，南阳郡（今河南南阳）人，博闻多识，善于辩论，三国时期的吴国大臣。吴蜀夷陵之战时，奉孙权之命出使曹魏之事最为人熟悉。曹丕轻视东吴，态度傲慢地问他吴王是何等君主。赵咨从容对答，外交辞令得体，令曹丕叹服，语气变得恭敬，魏国上下肃然起敬。事后回国，孙权嘉奖他不辱使命，获封为骑都尉。 |

| | |
|---|---|
| 赵云<br>（?—229） | 字子龙，常山真定（今河北正定）人。他是一个智勇双全，品格高尚的蜀汉名将，是三国时代少见的完人。赵云的生平事迹为后人传颂，其为人也深受世人的喜爱和尊崇。公元261年，后主刘禅追谥为顺平侯。 |
| 管辂<br>（209—256） | 字公明，平原郡（今山东平原）人，三国时代曹魏政权的易学名家。管辂为何晏解析梦中的青蝇是不祥的征兆，并暗示邓扬与何晏有血光之灾。结果一如管辂预料，他们均被司马懿发动政变所杀。公元256年，管辂逝世，终年四十八岁。 |
| 刘巴<br>（?—222） | 字子初，零陵烝阳（今湖南邵东）人，是富才智、秉持原则的名士。诸葛亮称赞他在运筹帷幄方面胜于自己。刘巴先后成为曹操、刘璋的手下。蜀汉政权建立后，被任为尚书令，名士风范，声名远播。 |
| 刘表<br>（142—208） | 字景升，山阳郡高平县（今山东微山）人。东汉末年荆州牧。他英俊潇洒、性格保守、优柔寡断、善于猜忌人，不懂用人且不妥善立嗣，导致两个儿子刘琦及刘琮相争，刘琮拱手将荆州让予曹操。 |
| 刘备<br>（161—223） | 字玄德，涿郡涿县（今河北涿州）人。刘备是三国时代蜀汉政权的开创君主，具有人格魅力及侠义精神，善待百姓，且有三顾茅庐的气量请出诸葛亮，关羽、张飞、赵云等猛将对其忠心耿耿，荆益二州豪杰亦多归附。 |

| | |
|---|---|
| 蒋琬<br>（？—246） | 字公琰，零陵郡湘乡县（今湖南湘乡）人，三国时代蜀汉政权继诸葛亮后为相主政。少年蒋琬以州幕僚跟随刘备入蜀，后为丞相诸葛亮幕僚。诸葛亮北伐无后顾之忧，有赖蒋琬在后方统筹。蒋琬接替诸葛亮，以出类拔萃的才干主政，令人心悦诚服。 |
| 鲁肃<br>（172—217） | 字子敬，临淮郡东城县（今安徽定远）人，东汉末年东吴著名的战略家。鲁肃为孙权策划榻上策，先站稳江东，后放眼天下，成帝王之业。这一战略成为东吴立国的根本，令孙权成为一代英雄人物。 |
| 刘璋<br>（？—221） | 字季玉，江夏竟陵（今湖北天门）人。东汉末年三国时代群雄割据，他继任父亲刘焉益州牧之职，但缺乏决断力，不识人、更不能驾驭人。刘璋与张鲁不和，令张鲁于汉中自立。又援引刘备入川对抗张鲁，令其势力坐大，平白地丢失了益州。 |
| 刘禅<br>（207—271） | 字公嗣，小名阿斗，出生地不详。刘备之子，他是蜀汉政权走向灭亡的关键人物。刘禅在位时间长达四十一年，他信赖诸葛亮北伐的事功，但后期政事荒废，宠信宦官黄皓。公元263年，刘禅降魏，移居洛阳。魏国权臣司马昭故意测试其会否东山再起时，竟回复乐不思蜀。 |
| 邓扬<br>（？—249） | 字玄茂，南阳新野（今河南新野）人，天资聪敏，是名列"四聪八达"的名士。曹芳幼年继位，曹爽为辅政大臣，任命他担任侍中、尚书。不久，司马懿发动政变，邓扬受到牵连，被夷三族。 |

| | |
|---|---|
| 诸葛亮<br>（181—234） | 字孔明，琅琊阳都（今山东临沂沂南）人，三国著名的政治家。诸葛亮提出《隆中对》三分天下的战略，令刘备能建立蜀汉政权。他不负刘备所托，鞠躬尽瘁辅助幼主刘禅，成为公忠体国的典范，被世人所传颂。 |
| 鲍信<br>（152—192） | 东汉泰山郡平阳县（今山东新泰）人，是曹操最初起事的关键人物。关东诸侯讨伐董卓，他带兵响应曹操。后来青州黄巾军进入兖州，他不幸被黄巾军袭击而死。曹操追记其功绩，任用其儿子鲍邵、鲍勋。 |
| 鲍勋<br>（?—226） | 字叔业，泰山郡平阳（今山东新泰）人。父亲鲍信在协助曹操的战斗中战死。曹操曾起用他为丞相府幕僚，他为官清廉，后来因事得罪魏文帝曹丕被处死。不久，曹丕逝世，人们为他的遭遇而叹息。 |
| 卢毓<br>（183—257） | 字子家，涿郡涿县（今河北涿州）人，三国时期曹魏政权政治家、东汉末年经学家卢植之子。卢毓先后在曹操、曹丕、曹叡、曹芳以及司马氏掌权时担任官职。在魏明帝曹叡时，卢毓对法例律令的修改几经争辩，并推荐了不少人才。 |
| 颜良<br>（?—200） | 琅邪临沂人（今山东临沂），是袁绍手下的猛将。曹操臣子荀彧认为他有勇无谋，一战便可击破。官渡之战前，袁绍挥师进攻黎阳，并派遣颜良、淳于琼及郭图进攻白马。颜良围白马数月，久攻不下，曹操派遣关羽赶至，将他杀死。 |

| | |
|---|---|
| 关羽<br>（160—220） | 字云长，河东解县（今山西运城）人，是刘备主要亲信，失守荆州而削弱蜀汉实力的关键人物。少年关羽与张飞跟随刘备征战，在白马助曹操斩杀袁绍将领颜良，后来又离开曹营，回归刘备，足见忠肝义胆。但在驻守荆州，违反《隆中对》策略，腹背受敌，终被孙权大将吕蒙所杀。 |
| 庞统<br>（179—214） | 字士元，襄阳郡襄阳县（今湖北襄阳襄州）人，出身荆州名门，被喻为"凤雏"，与"卧龙"诸葛亮齐名。庞统年少时质朴鲁钝，爱结交朋友，弱冠之年见名士司马徽，一天到晚交谈。司马徽称赞庞统知人才能力，评为盛德，令其渐有名声。庞统在周瑜担任南郡太守后，任其为功曹。周瑜死后，庞统又成为刘备谋士，协助刘备征伐巴蜀，在攻打雒城时被流矢射中身亡，享年三十六岁，追谥为靖侯。 |
| 顾雍<br>（168—243） | 字元叹，吴郡吴县（今江苏苏州）人，是东吴的丞相。顾雍从不饮酒，沉默寡言，举止得当，精通琴艺书法，年幼时拜蔡邕为师，后获州郡举荐，成年后任合肥县长，历任娄县、曲阿和上虞县长，所在皆有治绩。孙权称王后，他升迁至大理奉常、尚书令，封阳遂乡侯，家人事后才知悉，大为震惊。公元225年，丞相孙邵逝世，顾雍接任丞相，平尚书事。公元243年逝世，任相共十九年，谥号肃侯。 |

# 出版说明

三国故事和人物,是中国历史上最为大家熟悉、最动人的内容之一。本书选取了三国时期的成语,让读者在了解三国故事和人物的同时,掌握和运用这些成语。

本书的特点:

**1. 读三国故事,学习成语**

本书所选取的三国成语故事,重视现代的教育意义;而成语的本身,仍具语言的生命力,可以活用。读者透过阅读本书,不仅认识了三国人物的故事,还能提高文学素养、语文水平。

**2. 丰富的内容结构,集历史与中文学习于一体**

本书内容包括:解释成语的意义;说明成语的出处;罗列本成语的近、反义词;讲述成语的背景故事;通过延伸阅读点示成语故事对现今生活的启示;最后精选该成语的历代例句,让读者更易掌握和懂得准确的运用。

**3. 为故事主角配上画像,并附录主要三国人物的简介**

就每则成语故事的主要三国人物,配上精美的画像。最后全书附上主要三国人物的简介,增加阅读兴趣,加深对三国历史的了解。